集英社新書ノンフィクション
落語の人、
春風
之輔
中村 計
Nakamura Kei
撮影：小林紀晴　協力：鈴本演芸場

目次

一、寄席の人

取材協力／株式会社ワタナベエンターテインメント

はじめに　～長い言い訳～

落語に少しでも関心を示した人に私ができる最善のこと。それは、そのとき、ひいきにしている私の個人的なベスト3の落語家の独演会に連れていってあげることだった。

何事も最初が肝心である。なので、どの落語家でも、なるべく一〇列目以内の席を確保できそうな落語会に絞った。落語家は言葉だけでなく、身振りや表情でも語る。それを感じ取って欲しかった。

チケットの確保には、もちろん労力がいる。ただ、私は「今度、落語連れていってよ」と言ってくれた人には、何がなんでも教えてあげたかった。落語というユートピアの存在を。そして、共有したかったのだ。世の中に落語家という人たちが住んでいることの幸福を。

私が落語に「落ちた」のは、社会人になって二年目のことだ。大学卒業と同時に勤め始めたスポーツ新聞社をわずか七カ月で辞めてしまった私は、実家に居づらくなったこともあり、翌年春から池袋の家賃四万円のアパートで一人暮らしを始めた。

私はそこでフリーライターという、じつに頼りない呼び名の自営業者としての第一歩を踏み出した。

しばらくは下唇をかむような日々だった。とはいえ、まだ若く、独り身だったこともあり、稼ぎは少なかったが行く末をさほど案じていたわけでもない。ただ、夜道を一人で歩いていると、暗闇が重力をともなって身体《からだ》にのしかかってくるような感覚に襲われることがたびたびあった。

アパートは池袋駅西口から徒歩十分ほどのところにあった。その道中、いつも気になっていたビルがある。

駅から一、二分も歩くと、繁華街に入ってすぐのところに御影石《みかげいし》の外壁に囲まれた比較的新しいビルが建っていた。一階に飾られた大きな幟《のぼり》と、壁面に立てかけられた看板の無数の江戸文字。決して大きいわけでもないそのビルは、池袋の街で完全に浮いていた。

ビルの二階部分から大きな袖看板が突き出ていて、蛍光灯の光の中に「池袋演芸場」という黒々とした江戸文字が浮かび上がっていた。

そこが主に落語を聴く場所だということまではわからなかった。ただ、これまで人生で一度も通ったことのない世界がそこにあることだけは予想がついた。

ある日、何とはなしに、その世界に足を一歩踏み入れた。おそらくは時間があって、たまたま好奇心が勝ったのだろう。

一階のチケット売り場で入場料を支払うと、右手のゲートから地下へと続く階段を降りていくよう促される。階段を降り切ったところでチケットを提示し、すぐ横にある防音扉を引いた。

想像よりもはるかに狭い空間だった。小さな舞台と、少ない客席（九二席）。昼時ということもあったのだろう、客は私を含めて四、五人しかいなかった。

ただ、その小さな空間は、異様な熱量に満ちていた。

ステージ上の座布団に座っている男との距離が、とにかく近い。息を呑《の》んだときの喉の動きも、額の汗も、はっきりと見える。

そのときの落語家が誰だったのかも、どんな話をしていたのかも、まったく覚えていない。

ただ、ガラガラの客席に向かって、着物姿の男が尋常とは思えないほどの大声を張り上げていた姿だけが鮮烈な記憶として残っているだけだ。あんなに近い距離で、あんなに大きな人の声を聞いたのは初めてのことだった。

それが私と落語の出会いだった。

大都会の小さな穴蔵で、落語家という奇妙な職業人を見つけたことに、無性に勇気づけられていた。

俺も生きていける——。

さしたる根拠もなく、そう楽観的になれた。

私はそれからというもの足繁《あししげ》く池袋演芸場に通うようになった。

落語＝笑わせてくれるもの。

一般的にはそんなイメージがあるかもしれないが、私は、そこはさほど求めていなかった。ゲラゲラと笑わせられたこともあったが、それよりも時折、クスリとさせられるくらいで十分だったし、そのくらいの方が心地よかった。それだけでも、終演後、池袋演芸場の地上へと続く階段を上っているとき、身体が軽くなっているのがはっきりとわかった。

凹《へこ》んだ卓球の球を沸騰した湯に入れるともとの球形に戻る。落語も似たようなところがあった。落語を聴くと、日常生活で気づかぬうちにダメージを負っていた精神の凹みが元通りになる感覚があった。

そんな経験をしてからというもの、落語に行けない日々が続くと、人間をサボっているような気分になったものだ。

池袋演芸場は、演芸の世界で「寄席《よせ》」と呼ばれる場所だった。

三百六十五日営業していて、昼の部は十二時ごろ、夜の部は十七時前後にそれぞれ開演する。いずれも四時間程度の間に、芸人たちが入れ替わり立ち替わり出てくる。ほとんど落語だが、合間合間に「色物」と呼ばれる紙切り、奇術、漫才といった演芸も組み込まれている。出演メンバーは十日ごとに変わる仕組みになっていて、一日から十日を「上席《かみせき》」、十一日から二十日を「中席《なかせき》」、二十一日から三十日を「下席《しもせき》」と呼ぶ。

このような寄席が都内には池袋演芸場を含めて四カ所ある。残りの三つは、鈴本《すずもと》演芸場（上野）、新宿末廣亭《すえひろてい》、浅草演芸ホールだ。一般の入場料はいずれも二五〇〇円から三〇〇〇円で原則、客の入れ替えはない。つまり、昼から夜まで通しで八時間近く観《み》続けることもできる。

私はたいてい昼の部のトリが登場する少し前に入場し、そこから夜の部を通しで鑑賞した。一日で二席、トリの高座を観られる「満腹コース」だ。

寄席に行くたびに一〇人以上の落語家を観ていると、落語の世界にもうまい人と下手な人がいることが自然とわかってくる。そうすると当然のことながら、うまい人の落語をもっと集中的に聴きたいという願望が頭をもたげてくる。私は次第に寄席で見つけたお気に入りの落語家の独演会へ出かけるようになった。

私の落語鑑賞の頻度は多くても月に四、五回程度だった。となると、追いかけられる落語家は三人くらいが限界である。私は、その時々の自分の中のベスト3を最優先し、落語会のチケットを予約した。

ベスト3の落語家は最初のころは、柳家小三治《やなぎやこさんじ》、古今亭志ん朝《ここんていしんちょう》、柳家権太楼《ごんたろう》だった。それが、ある時期には、立川志の輔《たてかわしのすけ》、立川談春《だんしゅん》、柳家さん喬《きょう》になったりした。どの落語家も人気、実力ともにピカイチの落語家たちである。

私は落語の世界のとば口に立った人のために、可能な範囲で、彼らの落語会のチケットを手配した。

彼らの落語会の一〇列目より前の席を二席確保するのは並大抵のことではない。ところが、そんな苦労に反し、連れていってあげた人からはなかなか期待通りのリアクションを得られなかった。

落語家との相性もあるだろうし、その日の落語家の出来もあったのかもしれない。あるいは、落語という演芸自体が、その人に向いていなかったのかもしれない。仕方のないこととはいえ、最前席を押さえたときや、今も忘れられない名演に遭遇したときに喜んでもらえないと心底、がっかりしたものだ。

今の自分に大なり小なり欠落感を抱いている人でないと落語は響かないのではないか。そんな風に考えたこともある。落語は何かを与えてくれるというよりは、欠損部分を埋めてくれる、じつにささやかなエンターテインメントなのかもしれない、と。

一人でも多くの人に落語の快楽を教えてあげたいと張り切っていた私は、次第にすっかりトーンダウンしてしまった。それまで落語を知らないことは不幸なことだと思っていた。しかし、落語などなくても幸せに過ごせているのならば、そちらの方がよっぽど幸福なのではないかとも思えた。

とはいえ、人から「落語、連れていってよ」と頼られると、無下にはできなかった。今度こそ、と思った。しかし、もはや三回ぶんのチケットを用意するほどの情熱は残っていなかった。

それに、そのころ、私は三人も観せる必要はないとも思い始めていた。

いろいろな人を、いろいろな落語会に連れていった。その中で一人、圧倒的な戦績を誇る落語家がいた。その落語家の会のあと、同行者の目を見ると、ほぼ一〇〇パーセントの確率で喜びの光が宿っていた。感想を聞くまでもなかった。

その落語家は、春風亭一之輔といった。

一之輔は日本大学芸術学部の落語研究会を経て、二〇〇一年に春風亭一朝《いっちょう》のもとに弟子入りしている。そして二〇一二年、二一人抜きで真打に抜擢《ばってき》された。

落語家が所属する協会は、大きくわけて二つある。落語協会と落語芸術協会だ。この二団体のいずれかに属している一門の落語家でなければ原則的に寄席には上がれない。

一之輔の師匠筋である春風亭柳朝《りゅうちょう》一門は、最大派閥の落語協会の方に属している。

師匠は弟子を取ると、そのことを所属する協会に届け出なければならない。その順番が、そのまま落語家の序列となる。その並びを香盤《こうばん》と呼び、自分よりも先に名前がある人はすべて先輩となり、逆は後輩となる。

通常は、その香盤順に「前座→二ツ目→真打」と昇進していく。しかし、ごくまれに期待の新人が現れると、協会はその順番を飛び越えて、真打に取り立てる。それを「抜擢真打」と呼ぶ。そして、追い抜いた先輩の数を「二一人抜き」といった風に表すのだ。

二ツ目から真打になるのに、だいたい十年ぐらいかかるものなのだが、一之輔は七年と四カ月で真打になった。

一之輔の抜擢真打を強烈に後押ししたのが、のちの人間国宝で、当時、落語協会の会長を務めていた柳家小三治だった。傲慢なまでの自負心の持ち主で、人を褒めないことで知られる大御所でもあった。一之輔の師匠である一朝が言う。

「あの人が人を褒めるの、聞いたことがないです。みんなボロクソに言う。寄席で一緒になってもね、特に同じ一門だと『ダメだ、あんなやり方じゃ』って」

その小三治が、一之輔のことをこのようにべた褒めしたのだ。

「久々の本物だと思った。芸に卑屈なところがない。人を呑んでかかっている。稀有《けう》な素質だ。この人を発見して、嬉《うれ》しかったですよ。この人しか考えられないという気持ちにさせてくれたのが嬉しい。選ばせてくれてありがとう」

以降、一之輔を評するときは、必ずと言っていいほど、このときのセリフが引っ張り出されるようになった。あの小三治をして「久々の本物」と言わしめた落語家だ、と。

ただ、一之輔本人は、ある日の落語会で、十字架のように背負わざるをえなくなったこのときの言葉について、やんわりとだがこう異議を申し立てていた。

「小三治師匠がどういう人か、注釈を入れて欲しいですよ。そう思ってたら、言わない人ですから。私はなんかの罠《わな》だと思ってますよ」

私は逆だと思っている。小三治は思ったことを全部、言ってしまう人だった。だから嫌われたのだ。

私も一之輔を初めて見たとき、若いのになんとふてぶてしいのだろうと思ったものだ。乱暴な言い方になるが、初心者が喜びそうな落語家はそれなりにたくさんいる。しかし、長く落語を観続けていると、そういう落語家はやや物足りなく思えてしまう。寄席に出演する数多《あまた》の落語家の中の一人としては十分に楽しめるのだが、独演会にわざわざ足を運ぶ気にはなれない。未体験者に同行するとき、付き合いとはいえ、自分が楽しめそうもない落語家の会に行くのは気が進まなかった。

そこへいくと、一之輔だけは例外だった。私はもちろん、初心者を連れていっても存分に楽しんでくれた。一之輔は、玄人も素人も同時に満足させられる稀有な落語家だったのだ。

落語を初めて聴くのなら一之輔がトリを務めている日の寄席がベストだ。これが私の結論である。

寄席は独演会と違って、いろいろなタイプの落語家を観られるので、それぞれの違いがわかる。そして最後に一之輔が登場したとき、その雰囲気だけで「二一人抜き」した落語家がどういうものなのか、あるいは、小三治が「人を呑んでかかっている」と語った意味が一瞬で理解できるはずだ。売れている落語家は例外なく、ただならぬ気配を漂わせている。

また、寄席のトリを張っているときの一之輔は、いつも以上にエネルギッシュで、楽しそうに見える。寄席とはチームプレーだ。出番順はトリがいかに爆笑を取って終われるかを考えて組まれているし、各演者も最後にトリがやりやすいようネタを選び、演じ方を工夫する。そうして仲間がつないでくれたバトンを最後に託されたトリは気持ちが入らないはずがない。

落語の会場では、お目当ての芸人が舞台袖から現れると、客席から「待ってました！」と声がかかることがある。私も心の中で、そう叫ばずにはいられない。開演からそこまで三時間以上、寄席小屋の決して上等とは言えない椅子に座っていると、さすがに尻が痛くなる。それもあって「待ってました」感が半端じゃないのだ。なので、トリのときは演者だけでなく客の方も前のめりになっている。

もう一つ付け加えると、寄席は原則、前売り制ではないため、前もってチケットを入手する煩わしさがない。週末で、しかも集客力のある演者がトリを務めているときでも、一時間くらい前に並べば入場できないということはほとんどない。

今も印象に深く残っている一之輔の落語がいくつかある。そのうちの一つが二〇二〇年十一月二十八日、一之輔がトリを務めていた新宿末廣亭の夜の部で聴いた『寝床』だ。

新宿の、土曜日の、夜の部の、トリ。落語家として、これほど腕が鳴る舞台もそうはない。

さらに、その日、新宿末廣亭はしばらくぶりの熱気に包まれていた。一之輔がトリを務めていたということもあるが、理由はそれだけではなかった。

二〇二〇年と言えば、春先から新型コロナが猛威を振るっていた年だ。寄席も定員を大幅に削減させるなどの条件つきの開催や休業を余儀なくされた。しかし、そのころ、政府は大声の歓声・声援が伴わないイベントの入場制限をいったん解除するという判断を下していた。そんな中で迎えた土曜日、末廣亭は久々に大入り満員の盛況となった。にわかに戻ってきた寄席の賑《にぎ》わいに客も軽い躁《そう》状態になっていた。

私は中ほどよりやや後ろのいちばん左の席に座っていた。右隣の若いカップルは、どうやら初めて寄席に来たようだった。終盤になると、一席が終わるごとに女の子が「もう帰ろうよ」と明るく愚痴り、そのたびに男の子が芝居がかった調子で「もう一人だけ！　お願い！」と縋《すが》るように手を合わせるのがルーティーンになっていた。

私は内心、気が気ではなかった。ここまでがんばったのに一之輔を観ていかないでどうするのだ、と。

しかし、そんな心配をよそに、二人は末廣亭のレトロな雰囲気と、初めて体感する摩訶《まか》不思議な空間を楽しんでいたようで、なんだかんだ言い合いつつも席を立つことはなかった。

一之輔はよく「客に乗せられた」と話す。客席の雰囲気によって、落語が「勝手に踊り出す」のだとも。

その日の客は「いい客」だった。変なタイミングで笑う客がいなかったし、みんなでとことん落語を楽しもうという前向きな一体感があった。

『寝床』は、義太夫好きな大店《おおだな》の主人で大家の旦那が主人公の噺《はなし》だ。義太夫とは三味線の演奏に合わせ、『仮名手本忠臣蔵』や『義経千本桜』といった話をときに高らかに、ときに地を這《は》うような低音でドラマチックに語る古典芸能のことである。

ある日、旦那はいつものように長屋の住人や店の奉公人を集めて義太夫を披露することにした。しかし、旦那の義太夫は下手の横好きの典型で、とにかくひどい。そのため、声をかけられた人たちは見え透いた嘘《うそ》をつき、不参加を決め込んだ。すると旦那は、ならば「長屋から出ていけ！」「全員クビだ！」とすっかり臍《へそ》を曲げてしまう。さすがにそれはまずいと思った店子《たなこ》らは協議し、旦那の義太夫に付き合う覚悟を決める。

しかし、すっかり拗《す》ねてしまった旦那の機嫌はそう簡単には直らない。店の番頭がそんな旦那を言葉巧みに操り、翻意させるシーンが一つの見せどころなのだが、一之輔が演じる番頭は従来の人物像とは一味違う。突然、ため口となり、「下手なのは知ってるよ。でも、好きなんだろ？　だったら、人にどう思われようとやれよ！」と奉公人の立場を超え、直球勝負で旦那を奮い立たせるのだ。

笑えると同時に胸が熱くなった。一之輔は、自分自身に言っているのだと思った。

当時、世界中が経験したことのない規模の新型ウイルスの流行に翻弄されていた。落語界も例外ではない。都内の四つの寄席も一カ月以上の休館を強いられた。歴史上、落語家がそんなに長い間、仕事を奪われたことはなかった。

誰もが右往左往する中、いち早く動いたのが一之輔だった。寄席が休館に入り、そのおよそ二週間後、四月十七日に「一之輔チャンネル」というYouTubeチャンネルを開設し、無料で落語の生配信を行ったのだ。

落語という芸がYouTubeで受け入れられるかどうかは未知数だった。すでに一定の評価を得ている一之輔がトライすることはリスクこそあれ、メリットはほとんどないように思われた。それだけに落語界に衝撃が走った。

〈やりたくてやってるんだけど、やりたくてやってるワケじゃねーんだよな〉

一之輔はツイッター（現在のX）に、そうつぶやいた。個人的な思いと、トップランナーとしての立場。この言葉に一之輔の思いが詰まっているように感じられた。

満席の末廣亭で、私は『寝床』の中の「義太夫」を反射的に「落語」に置き換えて聴いていた。

好きなんだろ。だったら、やれよ――。

一之輔の落語は合間合間に素の本人が現れ、そうした「本音」を滑り込ませる。だからこそ言葉に魂が宿り、さらなる笑いを引き起こすのだ。

その日の一之輔の『寝床』は嵐のようだった。私の心は芝居小屋の中の小さな空間の中で乱高下を繰り返し、終わったときには笑い疲れてぐったりしていた。

一之輔にあって、他の落語家にないもの。それは、この爆発力である。

オチを言い、深々と頭を下げると、隣にいた若いカップルは弾《はじ》けるような笑顔を浮かべ、一心不乱に拍手を送っていた。

なんとラッキーな――。

そう思わずにはいられなかった。

私の知り合いで、一之輔にもっともハマったのが当時、集英社新書の編集者だった渡辺千弘君である。彼の場合は、私が半ば強引に連れていったパターンである。

落語家は「勉強会」と称される、覚えたての演目を試すための会を月一回程度のペースで開催しているものだ。一之輔の勉強会の名称は「真一文字の会」といった。

真一文字の会のチケットは、とにかく入手が困難だった。以前は自分用のチケットを一枚だけ取っていたのだが、渡辺君も行きたいと言うので毎月二枚ずつ押さえるようになった。そして、いつからかその役割は年下の渡辺君の担当になっていた。

渡辺君は「毎回、取れるかどうか心配で、(チケット発売日は)ピリピリするんですよ」と言いながらも、プレミアチケットの獲得という重責をすでに七年近く担い続けてくれている。

そんな二人にとって、一之輔の本を作ろうという流れはごく自然な成り行きだった。もっと言えば、その達成は悲願だった。

ところが、振り返れば、その緒に就くまでが長かった。そして、スタートしてからが、また輪をかけて長かった。

一之輔に初めて集英社新書として企画を提案したのは二〇一七年春のことだった。渡辺君の案で『落語家しか知らない話し方の極意』という仮タイトルの、ビジネス書をイメージした企画をメール経由で提案した。しかし、スケジュール調整が難しいとの理由で、あっさり断られる。一度くらい拒まれるのは想定内だった。

それからしばらくして真一文字の会があったので、ひとまず実際に会ってあいさつだけでもしておこうと考えた。その旨を事前に伝えた上で、終演後、渡辺君と二人で楽屋を訪ねた。ところが、一之輔はすでに帰ってしまっていた。のちに知ったことなのだが、用がないときの一之輔はとにかく帰るのが早いのだ。仕方なく一番弟子の㐂《き》いちに手土産の雷おこしを手渡し、すごすごと引き上げた。

持参した雷おこしは、一之輔のお気に入りだという御徒町《おかちまち》の「古代」という一品だった。渡辺君がネットで一之輔の嗜好《しこう》を調べ、現地に赴き買い求めてきたのだ。

余分に買ってきたものを渡辺君に一つもらったのだが、高級品らしく、包装からして気品と風格が漂っていた。口に入れると、イメージしていたような甘ったるい雷おこしとは明らかに一線を画していて、一流の落語家が食す雷おこしとはかくも違うものかとやや気後れを覚えたものだ。

約一カ月後、渋谷の落語会の日に改めて一之輔の楽屋を訪問した。そして、あいさつをするとともに、近いうちに改めて企画の相談をさせていただければと、まだあきらめていないことをアピールした。

このときもわれわれは手土産で少しでもインパクトを与えようと策を練った。「古代」の次は「あげ潮」にした。チーズケーキが有名な静岡県浜松市の老舗《しにせ》、まるたや洋菓子店の名物クッキーである。

一之輔がマクラ（落語に入る前のフリートークのようなもの）で、静岡で開催した落語会のとき、楽屋に用意されていたあげ潮を食べていたく感動したという話をしていたことがあったからだ。大きさ、食感、甘みなど、すべての要素がほどよく、いったん食べ始めると手が止まらなくなる、と。あげ潮ネタは一時期、一之輔の鉄板ネタで、何度となくマクラの題材になっていた。

あげ潮は、通販で取り寄せた。古代とは違い、見た目はなんてことのない五百円玉大のクッキーである。一之輔に「俺のこと、わかってるね」と思って欲しい一心だったのだが、手渡したときの一之輔のリアクションは無反応に等しかった。

それでも、われわれはまったくめげなかった。それどころか、われわれは一之輔とは見えない赤い糸で結ばれていると本気で信じていた。

根拠、その一。あげ潮を渡したあと、近くの居酒屋で渡辺君と飲んでいたら、その店に後輩たちを引き連れて一之輔がやってきたのだ。先ほどはどうもと、軽くあいさつをした。渡辺君とは、いつかこのときのことを一之輔と笑って話す日が来るんだろうなと脳天気に語り合ったものだ。

根拠、その二。翌年の四月、人形町で開催された一之輔の落語会のあと、やはり近場の居酒屋で渡辺君と飲んでいると、そこにも一之輔の一団が現れたのだ。

落語会のあと、二度も居酒屋で一之輔と鉢合わせするなどということがあるだろうか。

われわれが縁を感じたのは、それだけではない。二度目の遭遇のとき、なんと、私のカバンには、あげ潮が入っていたのだ。渡辺君の手土産だった。

古代同様、われわれはあげ潮を差し入れる際も試しに食べていた。そして、やはり一発でファンになった。一之輔の好きなものは好きでいたかったというのもあるが、それ以上に本当においしかった。そのため渡辺君が浜松出張のついでに買ってきてくれたのだ。

入店してきた際は軽く会釈をするくらいしかできなかったので、一之輔が退店するときに得意満面で出入口の方へ躍り出た。そして、あげ潮を差し出した。「あげ潮です」と。それしか言わなかった。勘違いも甚だしいのだが、それだけで十分、伝わると思った。われわれと一之輔が運命という糸で結ばれているということが、だ。

ただし、そのときの一之輔も、やはりほぼ無表情だった。にもかかわらず、このシチュエーションであげ潮を持っていたということの奇遇によほどテンションが上がっていたのだろう、私はそんなことは小さなことだとまったく気にしていなかった。

以上が、私の中にある見えない赤い糸の根拠のすべてだ。ちなみに渡辺君は、会社のある神《じん》保町界隈《ぼうちょうかいわい》で、たまたま向こうから歩いてくる一之輔と出くわしたことがあるそうで、私以上に一之輔との運命を感じていた。

根拠として弱いと言われればそれまでだが、人を好きになるとはそういうことではないか。日々、地球上で星の数ほど繰り返されている偶然が、百億年に一度の奇跡のように思えてしまう。愚かである。今ならわかる。そのどれもが、よくある偶然に過ぎない。だが、「恋する乙女」状態だったそのときのわれわれは完全に盲目になっていた。

見えない糸の存在に慢心していたわけではないのだが、それからしばらく、われわれは一之輔に新たな企画を提案できぬまま、ただ、一之輔の落語会通いを続けていた。

多忙な一之輔の首を縦に振らせるためには、度肝を抜くような企画を提案しなければならないというプレッシャーがあった。

その上、そうして間が空けば空くほど、そのぶん、魅力的な内容にしなければならないという重圧がさらにのしかかってきた。漬物石が五段重ねぐらいになってしまったような気分だった。

もはや、この世に存在しない幻の企画を追いかけ始めていた。とんでもなくおもしろく、あまりの衝撃に世の中がひっくり返るようなプラン。もちろん、そんなものを思いつくはずもなく、このころの私は完全に行き詰まっていた。

そんなときに起きたのが既述した新型コロナの大流行だった。落語会は次々と中止に追い込まれた。

今しかないと思った。企画の内容はさておき、仕事が激減した今なら時間をもらえるかもしれない。夏を迎えるころ、久しぶりに一之輔に取材を申し込んでみることにした。ただ、いきなり書籍の企画となるとハードルが高くなると思い、集英社新書のネット媒体「集英社新書プラス」で単発のインタビューものの企画を提案することにした。企画の仮タイトルは「コロナ流行下で考えた新・落語論」。前回とは打って変わって、こんなときだからこそ真正面から落語を語って欲しいとド直球なテーマを投げた。

すると、その年の七月、思った以上にすんなりと了承を得ることができた。やはりタイミングと、単発ものの気軽さがあったのだと思う。

インタビューは池袋の喫茶店の個室で行われた。時節柄、換気のできる大きな部屋を選んだ。

取材は、われわれがやや興奮気味だったことを除けば、さして大きな問題もなく進んだ。そして、取材の最後に、このような取材内容の延長で書籍化を考えていると一之輔に打ち明けたところ、「いいですよ」とこちらも存外スムーズにゴーサインが出た。

このときも、やはりわれわれは見えない赤い糸でつながっていたのだと思った。ほら、やっぱりそうなるでしょ？　と。のちに、一之輔の真意がわからず煩悶《はんもん》することになるなどまったく知らずに。

この日も、手土産に抜かりはなかった。大量のあげ潮である。渡辺君は一〇袋くらい持ってきた。しかし、これはさすがに荷物になるという判断で、私とカメラマンで一袋ずつもらうことにした。ただ、その程度がわれわれの良識の限界だった。

この日の一之輔のリアクションも最上級に薄かった。部屋に入るなり、机の上に大量に並んでいたあげ潮を見て口の端をわずかに持ち上げた程度だった。いや、それすらも私の願望がかなり強く入った見方であって、ほぼ無反応だったと表現すべきかもしれない。

このとき、だいぶ遅ればせながら、ようやく気づいた。おそらく一之輔は、さほど喜んではいなかった。どちらかというと、八袋ももらって迷惑そうですらあった。

今思うと滑稽で仕方ないのだが、私と渡辺君は一之輔にあげ潮を贈るという行為に酔っていた。一之輔の落語会に通っていなければ知りえない情報を持っていて、あれほどのあげ潮愛を語っていた一之輔が感激しないはずがないと信じ込んでいた。だが、それは幻想だった。

一之輔は芸人である。誤解を恐れずに言えば、嘘を本当のように語るプロなのだ。

ただ、どうであれ、このときのインタビューは無事に集英社新書プラスにアップされ、本作りに向け、ようやく第一関門を突破したと思っていた。

だが、安心するのはまだ早かった。「まだ」どころかまだまだ、いや、まだまだまだ早かったのだ。

一之輔から了解を得られたということは、あとは最初の取材日が決まるのを待つばかりだと思っていた。ところが、待てど暮らせども一之輔サイドから取材日程の候補日が出てこなかった。

少し前まで、あらゆる連絡は一之輔と直接やりとりしていた。しかし、このころから一之輔は取材関連の窓口は大手芸能事務所に任せていた。あとあと聞いたところでは、われわれが書籍化のお願いをしていた前後で担当マネージャーが変わり、引き継ぎがうまくいっていなかったという事情もあったようだ。

いずれにせよ、間に事務所が入ったことで一之輔との距離が急に広がり、本人の「顔」がまったく見えなくなってしまった。そのことがわれわれの疑心暗鬼に拍車をかけた。

やはり、企画が気に入らなかったのではないか。話の流れ上、ＯＫを出すしかなく、実際はまったく乗り気ではなかったのではないか。あるいは、「あげ潮」攻撃で完全にあきれられてしまったのではないか、等々――。

痺《しび》れを切らせたわれわれはその間、何度となく楽屋に一之輔を訪ねた。ときに日本酒の一升瓶を携えて。ときにレアな味のペヤング焼きそばを携えて。ときに、今となっては関西でしか買えなくなったスナック菓子のカールを携えて。

後ろの二つは、やはり一之輔がマクラで、それぞれの嗜好品を自分がいかに愛しているかを滔々《とうとう》と語っていたので、半分ウケをねらって、もう半分は本当に喜んでくれるのではないかと信じて持っていったのだが、一之輔は手土産に関しては、相変わらずニコリともしなかった。

一之輔のセリフは決まっていた。

「マネージャーに言っておきますので」

このルーティーンが永遠に続くのではないかと思えるほど、何度訪ねても、一之輔のテンションは変わらなかった。

宙ぶらりんの時期は、半年ほど続いた。「一日千秋」とはよく言ったもので、私にとってこの期間は一年にも二年にも感じられた。

しかし、苦戦しながらも渡辺君が根気強く事務所に掛け合ってくれたお陰で、集英社新書プラスの取材からおよそ半年が経過した二〇二一年二月、ようやく書籍のための最初の取材に漕《こ》ぎ着けた。

ここまでくれば通常、事は成就したも同然である。ところが、一之輔は、ここまできてもまだ一筋縄ではいかなかった。

第一回目の取材のとき、一之輔の表情は終始硬く、ほとんど目が合わなかった。二度目は前回より笑顔が増え、目もたびたび合うようになった。ようやく打ち解けたかとやや油断してしまった三回目は、やや失礼な質問を重ねてしまったこともあり、今まででいちばんピリピリしていたように感じられた。こちらの勘違いや無知を鋭く突っ込まれるシーンもあり、取材後、すっかり凹んでしまった。

以降、どんなに心が通い合ったと思える瞬間があったとしても、親密になったなどと誤解せぬよう常に心に言い聞かせねばならなくなった。

一之輔は、私にとって、これまで会ったどの取材対象者よりも難敵だった。どんな質問にも答えてはくれるのだが、その答えがどこかツルッとしていて手触りが乏しいのだ。

無論、芸人なのでふざけたくなるというのはわかる。本音を語ってしまうことが、粋ではないということも理解しているつもりだ。そんな枷《かせ》がある中でも一之輔なりに誠意を込めて語ってくれているのも伝わってきた。だが、いくら掘っても一向に底が見えてこないような焦燥感があった。

私は取材をすればするほど、どんどん取材が下手になっていくような感覚に襲われた。そして後悔し始めていた。これは、とんでもない人に手を出してしまったのではないか、と。

私は三回目の取材を終えたところで早くも手詰まり感を覚えていた。そこで、一之輔に許可を得た上で、本人取材と並行し、質問材料を集めるために周辺取材を始めることにした。

この本は、そもそも一之輔の著書として、一問一答の形でまとめるつもりでいた。したがって原則的に登場人物は一之輔と聞き手の二人だけである。第三者に取材をしても、そこで得た素材を使いあぐねる可能性があった。「○○さんが○○と言っていましたが……」という形で使うしか手はないが、そう何度も使える方法ではない。

にもかかわらず取材をさせてもらうのは失礼だとも思ったのだが、なりふり構ってはいられなかった。一之輔から、少しでも手触りのある話を引き出すためにも手段を選んでいる場合ではなかった。

まずは師匠の春風亭一朝に話を聞き、次に弟子の春風亭㐂いちと与《よ》いちに会った。大学時代の様子も知りたかったので、日大芸術学部・落語研究会の後輩だった柳家わさびにも取材をした。さらには同年代で一之輔と並ぶ「未来の名人」との呼び声が高い柳家三三《さんざ》、昔から定期的に二人会を開催し続けてきた先輩の三遊亭天《さんゆうていてん》どん、後輩で気心の知れた桂宮治《かつらみやじ》、漫才師で親友のロケット団の三浦昌朗《みうらまさあき》、そして上野鈴本の席亭（オーナー）を務める鈴木敦《あつし》にも一之輔との思い出話を語ってもらった。宮治には個別で話を聞いたあと、やはり集英社新書プラスの企画で一之輔と対談もしてもらっている。

取材というものは、だいたいどこかで自然と「もういいかな」と線が引けるものだ。心に残った言葉やエピソードが飽和点に達し、これで書ける、と思える。

ところが、一之輔の場合は、取材をどれだけ重ねてもそう思えなかった。不安で仕方がなかった。なので、半ば強引に腹を括《くく》った。ここまでの材料で書くしかない、と。

本人へのインタビューは最終的に計九回にも及んだ。一之輔のインタビューは短い日でも二時間、長い日は二時間半を超えることもあったので、トータルでは二十時間以上のインタビュー素材が集まった。

だが、正直なところ、怖かった。これだけの材料を集め、それに見合うだけの本にならなかったら、どうしよう、と。しかも、念願だった一之輔の本なのである。そのダメージたるや計り知れない。

そう思うと、取材に一区切りを付けたあとも、なかなか文字に起こした取材データに目を通すことができずにいた。

重かった一歩目をようやく踏み出すことができたのは一之輔の最後の取材から、じつに二年近く経《た》ってからのことだった。各インタビュー録の最初に記された取材日時を確認するたびに、何もできぬまま過ぎてしまった歳月の長さに呆然《ぼうぜん》となった。

すべての取材資料を読むだけでもなかなか大変な作業だった。ただ、膨大な記録にすべて目を通し、少しだけ安堵《あんど》した。一之輔は時折、本音をすっと挟み込んでくれていた。そう、『寝床』の「好きなんだろ？　だったら、人にどう思われようとやれよ！」のセリフのように。

そこを余すところなく掬《すく》い上げることができれば十分、一冊の本になる。そう思えた。

ただ、当初予定していたような一問一答の形式は断念せざるをえなかった。それでは一之輔の底知れなさは伝わらない。

一之輔とは何か――。

最優先すべきは、それを解き明かすことである。そのためには、形式にこだわらず、その場その場で書きたいように書き進めていこうと決めた。だから「はじめに」も、こんなに長くなってしまったのだ。

そうして、悶々《もんもん》としながらも何とか本書の原稿に着手したころ、二〇二三年二月五日に一大ニュースが飛び込んできた。あの一之輔が国民的人気番組『笑点』の新メンバーに選ばれたのだ。

おそらく、多くの落語ファンは「まさか」と思ったのではないか。付け加えるならば、軽いショックを受けたに違いない。

一之輔の落語の実力は誰もが認めるところである。しかし、それがメンバー入りの理由なら、もっと早いタイミングで『笑点』から声がかかっていてもおかしくなかった。『笑点』のメンバーは必ずしも落語の実力を基準に選ばれているわけではない。『笑点』はあくまで大喜利であって、落語ではないからだ。完全な別物だ。

ゆえに落語ファンは、ほぼ例外なく『笑点』を取るに足らない番組だと冷ややかに見ている節がある。もっと言えば、落語を誤解させる元凶とさえ思っている。落語ファンが一之輔の『笑点』入りにショックを受けたのはそのせいだ。

何よりも驚いたのは、「なぜ、今？」という点である。『笑点』史上、これだけのキャリアをすでに積んでいる落語家を四五歳というそこそこの年齢で新メンバーとして起用したケースはほぼない。一之輔の『笑点』メンバー入りは異例中の異例だった。

その発表があった三日後の真一文字の会の冒頭で、一之輔は「断ろうかとも思ったんですよ」と事の経緯を振り返った。そして、最終的にオファーを受けた理由をいたずらっぽい笑みを浮かべながらこう表現した。

「(『笑点』を) 利用してやろう、と」

一之輔らしい言葉の選択であり、一之輔らしい言い方だった。

語弊のある言い方になるが、一之輔とは、ひとまずそういう人物である。

照れと図太さ。素直さと屈折。無邪気さと毒っ気。責任感と無責任さ。さらに言えば、優しさと残忍さ。そうした相反する資質を肯定することも否定することもなく自分の中で飼い慣らしている。

そう、一之輔は、とてつもなく人間なのだ。言い換えれば、一之輔自身が、とてつもなく「落語」なのである。

一、ふてぶてしい人

前座時代の一之輔が放った衝撃のひと言

漫才コンビ、ロケット団のボケ役である三浦昌朗と一之輔は、二人きりで温泉旅行へ行くほどの大の仲よしだ。この世界に入ったのがほぼ同時期で、プロレスという共通の趣味があったこともあり、二人は瞬く間に意気投合したのだという。

三浦は、一之輔の第一印象をこう語る。

「ふてぶてしいやつだと思いましたね。『あ、すみません』って感じを出してるんですけど、ふてぶてしいんですよ。今も、そうですよね。ちゃんとしてるんだけど、ふてぶてしい。そこがずるい。人に気を遣っているんですけど、遣ってないように見せるのが上手というか」

無頼漢過ぎないし、優等生過ぎることもない。玄人も素人も喜ばせることのできる芸風の根っこは、おそらくこのあたりにある。相反することを求められる場で、その間を巧みにすり抜けることができるのだ。

落語家は漫才や曲芸の芸人、つまり色物と呼ばれる落語家以外の芸人のことを原則、「先生」と呼ぶ。しかし、三浦は一之輔に先生と呼ばれたことは一度もないという。

「色物はどんなに若くても、どんなに芸歴が浅くても『先生』って呼ばれるものなんです。でも、一之輔さんは昔からふてぶてしいんで、なんでこの人を『先生』と呼ばなきゃいけないんだみたいな感じで。僕は向こうのことは『一之輔さん』とか『川上君』とか呼んでいるんですけど」

川上隼一《としかず》。これが一之輔の本名だ。

私がもっとも好きな一之輔にまつわるエピソードは、前座時代のものだ。一九七九年から二〇二一年まで月一回のペースで開催されていた「日本演芸若手研精会」という、二ツ目の育成を目的とした落語会があった。ここのメンバーに選ばれることは期待の新人であることの表れであり、若手にとっては一つのステイタスでもあった。前座時代、朝左久《ちょうさく》と名乗っていた一之輔は、同会の前座を務めていた。

一之輔同様に前座時代から若手研精会に入り、当時、すでに主要メンバーだった柳家三三が証言する。

「前座って、すごい重要なんですよ。着物を着せたり、お茶を出したりするだけでなく、何かトラブルがあったときに『誰々さんがまだ来てないので、ちょっと長めにお願いします』とか公演自体を仕切らないといけない。舞台監督のような役目も担っているんです。そのへんは、朝左久は信頼されていたと思います。黙々と真面目に働く。いわゆる『できる前座』でしたね。

しかも、落語もそこそこしっかりできる。だから主催者もメンバーに入れたのだと思います」

ところがある日、三三はそんな朝左久の意外な一面に衝撃を受けることになる。

「毎回、翌月の落語会の案内を配布するんですけど、あるとき、そのチラシの中にミスが見つかった。日付は合っていたんですけど、曜日を間違えていたんです。そこで先輩が前座の朝左久にその訂正を告知してから落語に入れと言ったんです。で、(高座に)上がって、『えー、お渡ししたチラシなんですが、日付は合っているんですけど、曜日が違っていて、本当は○曜日です』と。それを三回繰り返して『三回言いました。これだけ言って間違えるやつはバカです』って言ったんです。会場はお江戸日本橋亭だったかな、兄弟子の柳朝さん(六代目。当時、朝之助《ちようのすけ》)が飛び出していって、『すいません! うちのバカが』って。柳朝さんは、ものすごい丁寧な人ですからね。終わってからも、当の朝左久は、何がいけなかったんだみたいな顔をしていましたけど」

以下は、一之輔と桂宮治が対談した際、そのエピソードを投下したときの模様だ。宮治と言えば、一之輔と『笑点』で息の合ったなじり合いをたびたび展開する悪友であり、後輩でもある。入門は一之輔よりも七年遅いが、学年で言うと一之輔よりも一つ上だ。

一之輔「さすがに怒った客がいたらしい。前座のくせに客に向かってバカとは何だ、って。『これだけ言って間違える人はバカです。えー、落語の方に与太郎さんという……』。えっ？与太郎のマクラなの？　って。まずは兄弟子に怒られました。というか、たしなめられました」

宮治「柳朝師匠に」

一之輔「柳朝兄さん。あんな温厚な人に」

宮治「普通、言えないでしょ」

一之輔「今でも言うよ。それくらいのことは普通に」

宮治「それでもお客さんはキャッキャ喜んで帰るんだからすごいわ。僕はそんなこと言ったら嫌われるけど、兄さんはそこら辺がうまい。僕は毒を吐いたあと、『いやいや冗談だから』みたいにわざと笑ったりするんですけど、兄さんはそういう空気も出さないですよね」

一之輔「出さない、出さない。そこは客を甘やかさない方がいいんだよ」

宮治「そこがすごい。それでいて、よくあんなにいろんな人から愛されるよな、と思って。生まれつき、そういうオーラみたいなものを持ってますよね」

一之輔「オーラじゃない。しょうがないんだよ。子どものころから、ずっとそうだったから。

要は、甘えん坊なんだよ。『甘えん坊だね』って、よく言われるもん。先輩から。（橘家《たちばなや》）圓太《えんた》郎《ろう》師匠にも言われたな。『おまえは甘えん坊だ。末っ子だろ？』『はい』『なんか、そんな匂いがするんだ。ずっと甘やかされてきたから、人に気を遣ったり、取りなしたりするところがない』『へい』『俺もだよ』って」

一之輔は一九七八年一月二十八日、父・川上欣夫《よしお》と母・芳子の間の四番目の子どもとして、千葉県野田市で生まれた。上には年の離れた三人の姉がいた。長女とは一二歳差、次女とは一〇歳差、三女とは七歳差である。じつは、宮治にも三人の姉がいる。

一之輔「でも宮治は親が違うんでしょ？　そこはけっこう違ってくると思うな」
宮治「はい。うちの三人の姉ちゃんと僕は父親が違うんです。僕の場合は生まれたときから、おもちゃじゃないけど、かわいがられたのはかわいがられていたと思います」
一之輔「そこは一緒だね。家の中に女性が多いと、楽なんだよね。今になっても、それはつくづく思う」
宮治「女性に対して変な遠慮がなくなりますよね」

一之輔「まったくない。特に年上には。下はちょっと苦手なところがあるけど。何をしゃべっていいのかわからない。でも、おばちゃんは得意」

宮治「ああ、わかります」

一之輔「落語のお客さんって、おばちゃんが多いじゃない。だから、今も楽っちゃ楽なんですよ」

一之輔と宮治は年に二回、「蒲田会《かまたかい》」と称する酒席を設けることを恒例にしているそうだ。

宮治が語る。

「あるとき、僕と、一之輔兄さんと、(蝶花楼《ちょうかろう》)桃花《ももか》姉さんと、あとは(春風亭)一花《いちはな》の落語会が蒲田であって。そのあとに飲んだときに、これから年二回、仕事と関係なくこのメンバーで飲もうということで発足したので『蒲田会』って呼ぶんです。毎回、蒲田でやるわけではないんですけど。みんなして一之輔兄さんに愚痴を聞いてもらって、全部奢《おご》ってもらって……という会なんですけどね。で、あの人、性格悪いから、最後、必ず僕を泣かしにかかるんですよ。『いいんだよ。そんなにがんばらなくても』みたいなことを言って。僕、涙もろいんで、すぐ泣いちゃうんです。僕の中で、一之輔兄さんは、近所の優しいガキ大将みたいなイメージですね。『寄席のジャイアン』です。後輩のケータイを焼酎の中に突っ込んだり、上半身裸になってプロレスラーみたいにいきなり殴りかかってきたり。完全なパワハラです。でも、誰も告発しない。大好きなんで。そうやって乱暴なんだけど、根は優しいんですよ。後輩思いだし、ケータイ水没させられたやつは、あとから大量のお金をもらえたそうですから」

不機嫌そうに出てきて、不機嫌そうにしゃべる

落語家の登場の仕方は、十人十色だ。ゆっくりと出てくる人もいれば、小走りで出てくる人もいる。ニコニコしながら出てくる人もいれば、気合いの表れか、怒ったような顔をして出てくる人もいる。

そこへいくと、一之輔はうつむきながら、不機嫌そうな表情を浮かべ、ゆらゆらと登場する。まったく覇気を感じさせない上に、色白なため、毎度、体調が悪いのではないかと心配になるほどだ。

一之輔「たぶん、僕の素《す》です。あんまりニコニコして出るのも性に合わないんで。あとは、ちょっと演出もあるかな。不機嫌そうに出てきて、不機嫌そうにしゃべり始めたら、この人なん

なのかなってお客さんが見てくれるじゃないですか」

　そして開口一番、一之輔は、ボソッとこんなことを言うのだ。

「こんなにいい天気の日に、こんな薄暗いところによく来ますね」

「いいですね。この気だるそうな雰囲気。ダラッと腰掛けて。これが寄席のいいところですよ」

　勉強会や独演会など一之輔が主役の会ならこんな後ろ向きなひと言でも客はどっと沸く。しかし、寄席だとそう簡単ではない。

一之輔「寄席の場合、だいたい七、八割は初めてのお客さんなんですよ。なので、皮肉っぽいことを言うと『この人、何言ってんの？　せっかく来たのに』っていう空気になる。そこで、さらに同じようなセリフを被《かぶ》せると『この人、こういうことを言う人なんだ』って乗ってくる場合もあれば、その逆もある。ダメな場合は、いくつかあるマクラの中から確実にウケるのを言ったりすることもあるかな」

マクラとは、落語の本編に入る前の、いわば雑談のようなもの。噺の頭にあるからマクラ(枕)と呼ぶ。そもそもは、本編のテーマにスムーズに誘導するためのちょっとした予備解説のようなものだった。

ケチな人が登場する噺なら、その時代のケチな人にまつわる小話をいくつか披露する。ある旦那が釘《くぎ》を打とうと思い、丁稚《でっち》の小僧に、向かいの家へ行って金鎚《かなづち》を借りてこいと命じる。ところが、「金鎚が減るから嫌だ」と断られ、小僧はトボトボと帰ってくる。その話を聞いた旦那は「しみったれだね～」とあきれ返り、小僧にこう言うのだ。「そんなとっから借りるな！うちのを出して使え！」。このマクラで軽い笑いを取ってから、『黄金餅《こがねもち》』というケチな坊主が出てくる噺につなげるのだ。

あるいは、今はすっかり様子が変わってしまった場所を舞台とする噺なら、そこは昔、海だった場所なのだとか、遊郭があった場所なのだと前もって説明し、客が噺の世界をより鮮明にイメージできるよう手助けをする。

マクラと本編は、ほぼセットのようになっている場合が多く、落語通ならマクラを聴いただけで「あの噺だな」と察しがつく。

マクラの様相が変化し始めたのは、七代目・立川談志の出現以降だと言われている。談志は落語立川流を創設した立志伝中の落語家だ。

談志は演目に入る前に時間をたっぷりとって、鋭く、かつおもしろく世相を斬った。タブーを恐れない談志の社会批評は彼の落語会の名物となり、一部の落語ファンからは「談志はマクラがおもしろ過ぎる」と批判されたほどだ。

マクラは本来、前菜であるべきなのに、談志の場合はある種のメイン料理のようになってしまい、しかも、その味つけが刺激的過ぎるせいで、本来のメインである落語の繊細な味つけが味わいにくくなってしまう、というわけだ。

いずれにせよ、談志の出現以降、風刺の効いた時事放談はマクラの一つの形として定着し、客も毒っ気のある落語家の時事ネタ話を楽しみにするようになった。

私も落語を聴き始めたころ、落語のおもしろさと同じくらいマクラのおもしろさに深く感動したものだ。なんとよくできているのだろう、と。

マクラは即興で話している体《てい》を装っているが、惚《ほ》れ惚《ぼ》れするようなマクラほど磨きに磨かれた鉄板ネタであるケースが多い。

落語を聴き始めたばかりのころ、すでに聴いたことのあるマクラに再び遭遇したときは、腰を抜かしそうなほど驚いた。街中で、知り合いと瓜《うり》二《ふた》つの人物を見つけたような衝撃と言えばいいのだろうか。現実なのか夢なのか一瞬、わからなくなる感じだ。

一之輔「僕も寄席に通い始めたとき、それ、ありましたよ。何だよ、いつも同じこと言ってるのか、って。それで、ちょっとがっかりした記憶があります。でもプロになってみると、そうじゃなきゃダメなんだなというのがわかるんですよ」

「自分の言葉に飽きたらダメなんです」

一之輔も、マクラの名手だ。思っていてもなかなか言えないことを奇想天外な言葉で、アクロバティックに表現してくれる。

私が感嘆したのは美人女優と、どこか朴訥《ぼくとつ》とした風貌のミュージシャンが結婚した日のマクラだった。一之輔はその時事ネタを、絶妙かつ珍妙な比喩を用いてイジり、爆笑をさらった。

一之輔の毒は、その塩梅《あんばい》が絶妙なのだ。殺傷能力がありそうでない。ゆえに、聴いているこちらの心がささくれ立つこともない。

じつは、その日の落語会は配信も行っていて、やはり毒舌で鳴らすもう一人の出演者は、そのことをしきりに気にし、言葉にブレーキをかけていた。だが、一之輔はいつも通りだった。

一之輔「あの人、案外、そういうところ気にするんですよね。僕は別にどうでもいいや、って。本当にまずいことだったらカットするでしょ。あ、生だから、カットしようがないのか。（配信があるということを）言われてんだけど、忘れちゃうみたいなときもあるんですよ」

一之輔は自分が主役の独演会のときなどに、時折、冒頭に私服で登場し、マイクを片手にしばらくフリートークを展開することがある。

それを最初に見たとき、桂宮治は、心底驚いたという。

「まだ、兄さんが、今みたいな超売れっ子になる前ですよ。高座の縁に腰掛けて、私服でオープニングトークをしていたんです。自分の落語会って、こんなことやっていいんだと思いましたね。当時、僕の周りにそんなことをする人はいなかったんで。この兄さんは、お客さんを楽しませるためにどうすればいいかってことを、ずっと考えてる人なんだなと思いました。ただ、落語だけやってればいいわけじゃない、というか。売れている人を見てると、つかみがすごいんですよ。落語って、自分のことを見たい、って思わせたら、もう勝ちみたいなところがあるんです。もっと言うと、落語家にとって大事なのはそこだけなんじゃないかなって思っちゃうくらい。客の心を最初の段階で引きずり込めるかどうか。それができる人と、できない人では、雲泥の差がある。売れる人は、そのために何かをしている。適当に入っていかないんです。ただ、ギャグを言って笑わせるとか、そういうことではない。頭で考えてるのか、勝手にできちゃうのかわからないんですけど、一之輔兄さんがボソボソしゃべってると、『何を言ってるんだろう』ってなって、気づくと、そっちの世界にどっぷり入ってる。だからバカみたいにテンションを上げるわけじゃないのに、会場が爆発する。あの爆発の仕方は、落語というより、ミュージシャンとかのライブに近いですよね」

一之輔が私服で登場するのは、原則的に地方公演のときだけだ。普段、落語に接する機会が少ない客は、いきなり着物で登場してしまうと構えてしまいがちだ。そこで、まずは親しみやすい格好で出て、客との距離を縮めているのだという。

一之輔「オープニングトークは、完全に思いつきでしゃべってますね。寄席の場合は時間が限られているんで、そこまで悠長にはできませんけど。寄席の持ち時間はだいたい十五分くらいなので、マクラに三分半使って、本題は十一分半でしゃべる、とか。僕も寄席のときは『ああ、また同じマクラを言ってんな』っていうケースはあると思います。師匠の中には、マクラも原稿に起こさせて、きっちりやらせる人もいます。僕は、それはそれでいいことだと思うんですよね。寄席というところは、つなぎの意識が大事。決まったことをきっちりしゃべることができるタイプの方が確実に塁に出ることができるんですよ。寄席は常連さんよりも初めて来た人を笑わせなきゃいけないところなんです。常連さんは、ほっといてもまた来てくれますから。たとえば（三遊亭）歌武蔵《うたむさし》師匠のネタって原則、一緒なんです。初めて聴いたらフリートークのように聞こえるんですけど、実際は、磨きに磨き抜かれた漫談。だから初めてのお客さんに確実にウケる。あそこまで洗練されたネタなら、常連さんもつなぎ止めておけますしね」

――話す方が飽きてしまったりはしないのですか？

一之輔「それはね、いろんな芸人さんが言うことなのですが、自分の言ってることに飽きたらダメなんです。むしろ、飽きるぐらいやり込まないと。洗練は、その先にあるんで。まあ、僕はそこまで完成させ過ぎると自分がダレちゃうんで、わざと壊しにいったりしちゃうんですけどね」

挫折がなさ過ぎる

笑わせるまでさんざ泣き――。

芸事の世界には、そんな言葉がある。人に笑ってもらうには、その陰で、散々泣くような努力が必要だという意味だ。

一之輔「でも、そこまで辛《つら》くはないですよ。頭を抱えて『もうダメだ……』みたいになった経験は一切ないですね。僕はぜんぜん壁にぶつかってきてないですから。（柳家）喬太郎《きょうたろう》師匠に言われたことがあるんですよ。『飽きない？』って。『いや、飽きないですね』『いいね〜』ってってましたね。褒めてんのか、あきれてるのか、わからなかったですけど。昔、競泳の千葉すず選手が、オリンピックは楽しむために出たという発言をして、大バッシングを受けましたよね。楽しむとは何事だ、と。でも、僕はスポーツだって何だって、『楽しむ』は正解だと思います。泣きながらやるもんじゃないでしょう。そんな感じだから、僕のインタビューって、ぜんぜん盛り上がらないんでしょうけど。ときどき、嘘をついた方がいいのかなって思いますもん。『あのときは大声で泣きました』って」

一之輔は二〇一七年（当時三九歳）、NHKの名物番組『プロフェッショナル 仕事の流儀』に出演したことがある。その際、講談師の神田伯山《かんだはくざん》（当時、神田松之丞《まつのじょう》）のラジオ『問わず語りの松之丞』内での発言がじつに的を射ていた。
伯山は〈ぜんぜん、おもしろくなかったですね〉と一刀両断してから、その理由を語った。要約すると、およそ、次のような内容だった。

〈『プロフェッショナル』ってのは、人の苦悩とか葛藤を描くものなんですよ。一之輔師匠という人はね、葛藤がないんです。古典落語なら、何でもできちゃうから。番組内で『鰍沢《かじかざわ》』という大ネタをネタ下ろしするシーンが描かれていましたが、そこにも苦悩とか葛藤がない。一之輔の『鰍沢』として、すでに成立しちゃってる。ネタ下ろしの段階でウケてるし、お客さんに伝わっている。一之輔師匠も悩みとかはあるんでしょうけど、落語に関して言えば天才なんで。なので、ドキュメンタリーとして成立していなかった。一之輔師匠を取り上げたとき、ディレクターも悩んだんじゃないかな。だって、一之輔師匠は何でもできちゃうんだもん。悩まないで。そのディレクターの苦悩を撮って欲しかった。だから、むしろ、ドキュメンタリーがぜんぜんおもしろくなかったということで、この人の天才性が炙《あぶ》り出されたわけですよ。ちょっと笑ったのが、ナレーションで『一之輔は挫折を経験した』という箇所があって。へー、あるんだって、テレビに齧《かじ》りついたんですよ。そうしたら『高校時代、ラグビーをやっていたときに……』って。何その話？　どうでもいいよ。それよりも落語家になってから挫折、なさ過ぎだろ、って〉

千葉県野田市出身の一之輔は、埼玉県の公立進学校、春日部《かすかべ》高校に通っていた。政財界から芸術分野まで、あらゆる分野に人材を輩出している名門校だ。春日部市は県外だが、野田市とは県境を挟んで隣り合っていたため、通学にも便利だったのだ。

春日部高校時代、一之輔は、ラグビー部に所属していた。それなりの実績がある部で、高校でも一、二を争うほど練習が厳しかった。そんな環境下、一之輔は、わかりやすく言えば、落ちこぼれ、高校二年に上がるときに退部してしまう。番組内では、そのことが極めて大きな挫折として描かれていた。

私もその番組を見ていて、伯山と同じことを思った。「えっ？　そこ？」と。遡り過ぎではないか、と。

だが、作り手の気持ちも、今ならわかる。天才なんで努力しないでもできちゃうんです、では物語にならない。誰も共感してくれない。視聴者に感情移入してもらうためには、どこかで「自分と同じ人間なんだな」と思わせる必要がある。そのために手っ取り早いのは、失敗を描くことなのだ。

一之輔に決定的に不足しているもの。それは落語稼業における大きな躓《つまず》きだった。それが見えないから、話をしていても手応えがない。手がかり、足がかりのない垂直の壁を目の前にしているかのごとく、つかみどころがなかった。

『プロフェッショナル』は最後、「プロフェッショナルとは?」という問いへの答えで締めくくられるのが番組の定番になっている。

本来、それを伝えるために長い時間をかけて取材し、編集しているのに、なぜ最後の最後で、そんな身も蓋もない質問をぶつけるのだろうといつも興ざめしてしまうのだが、兎《と》にも角《かく》にも、一之輔はこんな風に答えた。

〈涼しい顔しながら、すごいことやる人かな。がんばってんだぞとか言わなくても、お客さんに伝わってる〉

私はこれを制作者の「敗北宣言」のように受け取った。また、ユーモアのようにも思えたし、言い訳のようにも読めた。こういう人物だから、こういう内容のドキュメンタリーになってしまったんです、と。

一之輔はこのコメントについて「番組の完全否定ですよね」と言って、にやりと笑った。同番組の密着取材は三カ月近くに及んだそうだ。

一之輔「テレビのスタッフには言ったんだけどね。密着してもつまんないですよ、って。僕の人生、たいした苦労もないし、山もないし、って。制作者も大変そうにしてましたね。『うーん』つって。何だか、気の毒なことしちゃった。この本も大変だと思うんです。何も出てこないでしょう？　どうまとめるんですか。大丈夫ですか？」

こんな展開になったときを見計らって、私は、こうお願いするのが常だった。

——もう一度、インタビューをお願いしてもいいですか？

一之輔「ああ、いくらでも。はい。どう考えても、（このインタビューが）最後にはなりようがないですよね。毎度、こんなんでいいのかなと思いながら、しゃべってるんで。ぜんぜん、言ってください。また、時間を作りますので」

思えば、われわれは毎回、インタビュー場所にもずいぶんと頭を悩ませた。後半は少しでも楽しい気持ちになってもらおうと、食事をしながら話を聞くことにした。そこでも一工夫し、落語家たちがここぞというときの打ち上げで利用するという上野の焼肉屋や、同じく上野の鰻屋《うなぎや》の個室などを用意した。

本当はお酒を飲めばもっと口が滑らかになるのではという下心もあったのだが、取材期間中はまだ新型コロナに対する警戒心が強く、大声を出させないようアルコール提供を自粛している店がほとんどだった。ノンアルコールビールでは酔えるわけもなく、一、二杯程度ビール気分を味わい、ソフトドリンクに移行するというのがお約束のパターンだった。ノンアルコールビールに飽きた一之輔が「お茶ください」と言ったとき、なんとも言えずさびしい気持ちになったものだ。

何度目かの鰻屋でアルコール度数〇・五パーセントの微アルコールビールを出している店が

あり、内心、小躍りしたものだ。だが実感としてはノンアルコールビールとほとんど変わらず、一之輔はいつもの一之輔だった。

一、壊す人

YouTube著作権侵害事件

くすぐり。落語の世界で、意図的に笑いを取りにいこうと挟み込むちょっとしたギャグや、本筋からわざと話を逸《そ》らすような行為をこう呼ぶ。

落語家としての一之輔を三浦昌朗はこう評する。

「初めての人でも聴きやすいんですよね。落語って、難しい言葉が出てきて、けっこう取っ付きにくかったりするんですけど、一之輔さんは、そこにくすぐりを入れるじゃないですか。昔の人なのに『グッジョブ』とか言わせたり。昔の話なのにアンドレ・ザ・ジャイアントが出てきたり。『初めて落語を聴くんですけど、誰がいいですか？』って聞かれたら、僕は一之輔さんか（柳家）喬太郎さんを薦めますね。この二人なら、間違いないんじゃないかな。少なくとも一之輔さんの名前は必ず入れますね」

落語は作られた年代によって大まかに「古典落語」と「新作落語」に分類される。

ざっくり説明すると、古典落語は侍や商人など着物を着た人物が出てくるような江戸時代から大正時代を舞台にした伝統的な噺。その中で、現在まで受け継がれているのは三〇〇から四〇〇程度だという。

一方、新作落語は文字通り、比較的新しい年代になって作られた落語である。したがって多くの新作落語の舞台は現代だ。庶民の代表格としてサラリーマンや主婦が登場し、キャバ嬢やパンダなども登場する。もはや、何でもアリだ。上方（大阪）では「創作落語」という呼び方をすることもあるが、意味はほとんど同じである。

ほぼ古典落語しかやらないという落語家が多数派で、逆に新作落語しかやらないという落語家は滅多にいない。

三浦が初心者でも楽しめる芸人として一之輔とともに名前を挙げた喬太郎は古典も絶品だが、新作の名手でもある。それに対して、一之輔は基本的に古典しかやらない。

一之輔の一之輔たるゆえん。それは三浦が指摘したくすぐりにある。くすぐりというと「ちょっとイジる」というイメージがあるが、一之輔の場合は、登場人物の性格の変化やシーンの追加など、大幅な改変も珍しくない。

何年かぶりに一之輔の同じ演目に出くわすと、噺の印象がすっかり変わっていることがある。あれ、こんな噺だったっけ？　と。

一之輔の類いまれな特徴として、二番弟子の与いちは真っ先に次の点を挙げた。

「同じ噺でも、一度として同じだったことがない。登場人物のセリフとか毎回、言葉が変わるんで」

何十回、何百回と同じ演目を聴いているであろう弟子がこう言うのだ。私くらいの頻度で聴いている者がまるっきり違うものに感じたとしても不思議ではない。

新型コロナの流行下、落語もYouTubeで頻繁にライブ配信やアーカイブ配信が行われるようになった。その際、興味深い事件が発生した。

古今亭菊之丞《きくのじょう》が『短命』という演目を配信したとき、著作権管理を担うAIがCDの音源を無断で再生していると判断し、アーカイブが一時、観られなくなってしまったのだ。

つまり、その配信動画のセリフや間がCDに録音されたものと、ほぼ同じだったということだ。学年で言うと一之輔よりも五つ上の菊之丞は、「正統派」あるいは「本格派」と呼ばれるタイプの落語家で、ひとたび自分の形を定めたら、それをゆるがせにはしないタイプだ。

落語のライブ配信においては、このようなトラブルが何度か起きたそうだ。ただし、こうしたAIによる誤認は、落語家にとって決して不名誉なことではない。むしろ、その落語家の再現能力の高さを示すものだと言っていいだろう。

一之輔「そもそも、教わった通り、テキスト通りにやるというのが落語の世界の不文律だったんです。昔で言うと、（八代目）桂文楽《ぶんらく》師匠がそうですよね。文楽師匠はきっちり、ばっちり、毎回、寸分違《たが》わずにやる人。先代の（三遊亭）圓楽《えんらく》師匠もそうだったし、（古今亭）志ん朝師匠はもちろんそうでした。（立川）談志師匠も基本的には、そういう人だったと思うんです。あと、柳家の人たちも、割とかっちりしてるのかな」

桂文楽は戦後、文楽か古今亭志ん生《しょう》かと言われた落語史に残る大名人だ。彼らが亡くなってしばらくすると、一九八〇年前後、若手四天王と呼ばれる四〇代の実力者たちが現れる。それが一之輔が名前を挙げた圓楽であり、志ん朝であり、談志だった。残る一人は一之輔の師匠の師匠、柳朝を指していたが、柳朝が病に倒れると、そのポストは橘家圓蔵《えんぞう》に取って代わられた。

また、柳家とは落語会の最大派閥で、人間国宝となった五代目柳家小《こ》さんに連なる一門のことである。

一之輔「柳家はとにかく人数が多いので、いろんな人がいるんですけど、直系で言うと、小三治師匠、三三兄さんは保守本流のイメージがありますよね。談志師匠ももともとは柳家ですからね」

談志は破天荒なイメージが強いが、壊したのは落語家像であって、落語自体の扱い方は臆病なほど慎重であり、手を加えるときは誰よりもデリケートだった。

一之輔「僕は今、確かに比較的自由にフレーズとかを変えていますけど、そういう風にやる人が出てきたのって、落語の歴史からすると、つい最近のことなんです。僕が噺家になるちょっと前ぐらいからじゃないかな。僕は二〇〇一年五月に入門しているんですけど、その三十年くらい前からだと思うんです。今でも全体的な傾向としては師匠方に教わった通りにやる人が多いですよね。昭和の頭くらいのテキストでやって、まずはそれを自分の腹の中に入れる。変えるときも、変えるというよりは自然に変わっていく感じですよね。同じようにやっているつもりでも、年齢とともに演じ方やセリフは少しずつ変化していくものですから。それぞれの個性もありますし。もちろん、それくらいの変化は、昔から許容範囲内だし、いいとされてきたわけです」

一之輔が保守派として真っ先に名前を挙げた「黒門町《くろもんちょう》」（住んでいるところにちなんだ別称）こ

と八代目・桂文楽は完璧主義者で、一言一句違わぬ落語を信条としていた。
文楽は一九七一年夏、七八歳のときに落語の途中で登場人物の名前を失念し、絶句してしまう。そして、しばらく黙り込んだあと、「もう一度、勉強し直してまいります」と言って舞台を降り、その後、二度と高座に上がることはなかった。そして、同年十二月に他界している。

一之輔「僕が文楽師匠と同じ状況になったら『間違えちゃいました』って言っちゃうでしょうね。『テヘヘ』って。それでいいんじゃないかと思うんですけどね。ただね、あれも『勉強し直してまいります』というセリフを稽古していたという説もあるんですよ。辞める決意を固めていて、ここだなと思っておっしゃったのかもしれない。あのときだけでなく、黒門町も間違えることはあったよっていう人もいるんです。僕もまったく間違わなかったということはないと思うんですよね。人間なので。辞めたときも、間違えたから引退したのではなく、潮時を見計らっていたんじゃないかな」

つまり、文楽が一芝居打った、ということである。期せずして、それがのちに伝説として語られるようになった——。

確かに、引き際として、あまりにも出来過ぎな感がないでもない。
文楽がいた時代も、志ん生を始めとして少数派ではあるが例外や異端は存在した。

一之輔「古いところで言うと、初代・(三遊亭)圓遊《えんゆう》は、それまでほとんどの人がやっていなかった『野ざらし』や『船徳《ふなとく》』にくすぐりを入れて、蘇《よみがえ》らせたって言いますもんね。(古今亭)志ん生の師匠、柳家三語楼《さんごろう》も、ばんばんギャグを入れて、志ん生がそれを踏襲し、爆笑王と呼ばれるまでの名人になった。その志ん生は『火焔太鼓《かえんだいこ》』を大胆に再構成して、一門を象徴する噺にしましたから。少ないながらも時代時代で、そういうことが上手な人が出てくるんでしょうね」

落語には古くより脚本がない。昔は今のように録音機器などもなく、伝承は唯一、口伝に依《よ》っていた。伝統文化をより正確に継承していくためにも、ひと世代前の落語家たちはもとの形を崩すわけにはいかなかったのだ。
ただし、録音が容易になった現代でもそのカルチャーは受け継がれている。その背景には、先人に対する敬意や、浅薄な思いつきで安易に言葉や設定を変えてしまうことに対する戒めの意味も含まれている。
当然ながら、一之輔にもその自覚はある。

一之輔「勝手に言葉を足すと、噺が壊れちゃう場合があるんですよ。極端な例ですけど、『おまえ、殺すぞ』みたいなツッコミを入れたら、本当に壊れちゃう。言葉として強過ぎる。『死ね』もないな。その日のお客さん次第というのもあるけど、古典落語の中の熊さん（熊五郎）、八っつぁん（八五郎）が『死ね』とは絶対に言わないんですよ。僕の感覚では。言ったとしても『死んでしまえ、おまえなんか』くらいでしょうね」

西の枝雀《しじゃく》、東の一之輔

一之輔の師匠の弟弟子にあたる春風亭小朝《こあさ》が、落語家には「守る人」と「壊す人」と「創る人」がいるのだという話をしていたことがある。そうした役割分担は、おそらくは、あらゆるジャンルで言えることでもある。
落語の世界には「稽古番」と呼ばれるタイプの落語家がいる。彼らこそ小朝が言うところの「守る人」たちだ。

落語家が新しい噺を高座にかけるとき、原則として誰かから対面方式で直接教わり、その人に上げてもらってからでないとできないというルールがある。つまり、教えてもらった人の前でその噺を披露し、お墨つきを得なければならない。

一之輔「稽古番っていう言葉のイメージは、あんまりよくないかもしれない。この世界には『化石みたいだね』みたいな言われ方もあるから。だから、稽古番と言われたら本人は嬉しくはないかもしれないんですけど、教わった通り、一言一句変えずに師匠の古典落語を守り続けるという人は絶対、必要なんです。全員がそうなっちゃ、それはそれで偏り過ぎな気がしますけど」

それぞれの一門には、その流派が得意とし、代々受け継がれてきた噺がある。したがって、持ちネタを増やす場合は、覚えたい噺を得意とする一門の誰かに稽古をつけてもらうことが多い。各一門には稽古をつけてもらうならこの人という落語家がいるものだ。柳家の芸ならば柳家小里《こり》ん、柳家さん遊《ゆう》であり、一之輔のルーツでもある八代目・林家正蔵《はやしやしょうぞう》（のちの林家彦六《ひころく》）の一門の噺なら八光亭春輔《はっこうていはるすけ》といった具合だ。一之輔も彼らには何度となく世話になったという。

一之輔「教科書的な本寸法の芸をやる人と個性の強い人がいたら、絶対に本寸法の人に習った方がいい。癖の強い人から習うと、その口調がなかなか抜けなくなっちゃったりするんで。僕は二ツ目のころ、（柳亭《りゅうてい》）市馬《いちば》師匠のところによく行っていたんですけど、師匠にも『市馬のとこに行け』って言われてたんです。市馬師匠は柳家の王道中の王道の落語をやる方ですから。市馬師匠に『また来たな』ってよく言われました。上げてもらったら、またすぐに行って『おまえは、もういいよ』って。僕も自分の弟子には、最初のころは言いますね。『誰々に習いなさい』って。三三兄さんは、そういうとき、やっぱり言いますね。その話なら、三三兄さんのところに行きなさい、って」

先ほど触れたように、録音機材が存在しなかった時代は、生の言葉のやりとりだけで噺を覚えた。それを三遍稽古と呼ぶ。一之輔は前座時代、ぎりぎり三遍稽古を経験したことがあるという。

一之輔「古今亭志《し》ん橋《きょう》師匠（志ん朝の弟子。二〇二三年没）に稽古をつけてもらいに行ったら

『前座時代は、三遍稽古だ』っってね。録音はしちゃダメだよ、って。僕の時代は、もう、ほとんどの人が録音OKだったんです。ダメだと言われたのは、志ん橋師匠だけでしたね。本当は三回で覚えなきゃいけないから三遍稽古って言うんですけど、三回ではなかなか覚えられない。僕は毎日、同じ時間に七日間連続で通いました。今日はマクラだけとか、次の日はマクラから少し進んだところまでって、噺を四つぐらいに分割して教わりました。それで最終日に自分が通しでやる。日を空けてしまうと忘れちゃうんで、意味がないんです」

――三遍稽古でも一言一句、違わずに覚えるわけですか?

一之輔「それは無理です。録音OKの師匠の中には、そういう人もいましたけど。完全にコピーしないとダメだ、と。三遍稽古は、一言一句違わずに覚えなくてもいいというのもよさなんです。語順を間違えたり、言い回しがおかしかったら指摘されますけど、自然な流れで、言葉が少し違うくらいなら何も言われない。完コピしなきゃと思うと、どうしても言葉をなぞっちゃうんだけど、三遍稽古は自分の身体に合った言葉でしゃべれるから、そのぶん腹に入りやすい。しかも、師匠にそんなにたくさん時間をとってもらってるから、精神的にも追い込まれるじゃないですか。そのぶん、必死で覚えようとする。これはみんな言うことなんですけど、三遍稽古で教わった噺は絶対に忘れないんですよ。昔の人が三遍稽古にこだわった理由がわかりますよね。本当は今だって、できるなら三遍稽古の方がいいんだと思いますよ。でも、教える方の負担が大き過ぎるんでね」

三遍稽古のようなアナクロなやり方はほぼ廃れてしまったが、時代の経過とともに対面形式で直接稽古をつけてもらうというシステムすらも今や形骸化しつつあるという。

かの立川談志は、弟子に稽古をつけないことで有名だった。もっともかわいがられていたと言っていい立川志《し》らくでさえ三席しか教わったことがないそうだ。

「うちの師匠は『下手に教わると下手になる。落語なんて教わんなくたってできんだろ』っていう人だったので。教わりに行けと言われたこともないですね。なので、昔の名人や師匠の音源を聴いて、勝手にやっていました。ただ、この噺はこの人に教わりたいというのはあったので、何人かの師匠に教わりに行ったことはありますけど」

ある落語家が噺を覚えたあと、聴いてもらう日取りを決めようと師匠に連絡したら「留守電に吹き込んどいて」と言われたなんていう逸話も耳にしたことがある。

一之輔「ぶっちゃけ、『もう真打なんだから、稽古なんか来なくていいよ』と言う師匠もいるんです。俺の噺はどんどんやっていいぞ、って。だから、誰かの音源で覚えちゃえみたいなこともあるっちゃある。亡くなられた（柳家）喜多八《きたはち》師匠も『聴いて欲しいんなら聴いてやるけど、やっちゃっていいよ』というタイプでしたね。一度、落語協会の事務所で『これを教えて欲しいんですよ』って言ったら、『今、上空いてるかな』つって、二階で私服のまま教えてくれて。それで『もういいよ、やって』と。本当はダメなんですけど、僕は真に受けてやっちゃってました。ただね、録音したもので覚えようとするとぜんぜん腹に入らないんですよ。覚えても、またいつでも聴けると思うからすぐに忘れちゃうし。やっぱり、対面で教えてもらって、聴いてもらって、上げてもらうと違うんです。身体に染み込むんですよ。自信もつきますしね。だから、覚えるときは大変ですけど、長い目で見たら三遍稽古の方がじつは効率的だったとも言えるんです」

落語界には守る人もいれば、壊す人もいた。後者として、そのうちの一人に間違いなく数えられるのは桂枝雀だ。上方の落語家で、奔放な芸風で客を魅了した。晩年、うつ病に苦しめられた枝雀は一九九九年、自死でこの世を去っている。

一之輔「枝雀師匠は、最初は守り続けて、それで、ぶっ壊したんですよ。小米《こよね》を名乗っていた時代（一九六一～一九七三年）は（桂）米朝《べいちょう》師匠のうまい落語を、忠実に、真面目にやっていて、あるときバーンと爆発した。そこまでの詳しい経緯はわからないですけど、その爆発によって開花したわけですよね」

厳密に言えば、枝雀は破壊し、再構築した。だからこそ、その時代、随一の人気者になったのだ。時代を作ることができるのは、往々にして「壊す人」だ。

ただし、落語を壊すのは、一種のギャンブルでもある。日大芸術学部の落語研究会の後輩でもある柳家わさびがその理由を端的に話す。

「みんなやらないですね。壊すことは。怖いですもん。それをやると食いっぱぐれる可能性がある。寄席に呼ばれなくなるかもしれないので。僕は崩すくらいなら、新作を創りますね」

落語という芸が保守的なら、それを愛する人たちもやはり保守的なのだ。何十年、何百年と何人もの落語家のリレーによって受け継がれてきた噺は、少しずつ無駄が省かれてきた究極の型だ。落語界の共有財産であり、ご本尊のようなものでもある。それを壊すということは、その彫像に太いノミを打ち込む行為と言ってもいいだろう。そこの領域に踏み込むには実力はもちろん、相応の覚悟も必要なのだ。

思想や手法は異なるが、現代落語において、西の壊す人が枝雀であったならば、東の壊す人こそ一之輔だった。

保守的な落語協会と、リベラルな落語芸術協会

一之輔も新型コロナ流行下、何度となくライブ配信を行った。だが、一之輔の場合はもちろん管理ＡＩが作動することはなかった。

一之輔「僕なんか、よい意味でも、悪い意味でも、毎回、ぐじゃぐじゃにしちゃう方なんでね。日によって、体調によって、同じ人（登場人物）でもしゃべり方をちょっと変えてみたりとかする。いつも一緒だったら、おもしろくないでしょ？　寸分違わぬ芸って、すごいなと思う一方で、退屈じゃないのかなって思っちゃうこともあるんですよ。まあ、退屈だと思っちゃったらプロじゃないんでしょうけど。同じマクラで、同じ噺で、毎回、お客さんを楽しませる。そ

れを毎日であってもできるのがプロなんだろうな。そういう意味では、僕はどこか素人っぽいのかも。自分が楽しみたいという言い方はお客さんに申し訳ないけど、根がいい加減なんで、自分が飽きないように変えてるところはあるかもしれない。ただ、僕もわかっているんですよ。そうやって変えてしまうのを嫌だな、って思う先輩だったり、お客さんだったりがいるだろうことは。僕もそれを承知でやっているんです。これ以上、踏み外すと噺が壊れちゃうなという線引きはある。現代語はなるべく使わないようにとか、ここに時事ネタを放り込んだらワッと盛り上がるだろうけど我慢しなきゃとか。そういうジャッジをする人が、自分の中にいちおういるんです。こいつがいなくなったら、えらいことになると思います。ほんと、薄皮一枚みたいなところなんですけどね。自分で言うのもなんですけど、そこを見極められるかどうかが、その人の持ってるセンスということになるんじゃないですか」

そのあたりの繊細なさじ加減に理解を示すのは桂宮治である。

「先輩とかにもいろいろ言われてると思うんですよ。ただ、その中でも、ギリギリを攻めている。落語の世界観を壊さず、それでいてお客さんに最大限、満足してもらえるちょうどいいところを」

一之輔のスタイルが型破りに映るのは、落語協会所属の一門の落語家だからでもある。

落語界の二大派閥、落語協会と落語芸術協会の違いを簡単に記すと、保守とリベラルだ。伝統と格式の落語協会、自由奔放な落語芸術協会。そんなイメージがある。

落語芸術協会の代表格と言えば、『笑点』の司会としてお馴染《なじ》みの春風亭昇太《しょうた》だ。昇太は一之輔と同じ春風亭を名乗るが、協会が異なるように、系譜上はさほど近くはない。そもそも落語界の亭号自体が限られているので、一般社会同様、名字は同じでも「かなり遠い親戚」ということはまま起こりうるのだ。

その昔、私は、昇太が高座で座布団をブン回しているのを目撃したことがある。その思い切りというかノリが、いかにも落語芸術協会っぽかった。落語協会の落語家がそんなことをしようものなら、怒られないまでも「ほどほどにな」くらいのことは言われそうだ。

昇太以外にも落語芸術協会には、ぶっ飛んだ新作を創る落語家がいたり、ド派手な着物をまとった落語家がいたりと、「現代」を感じさせる落語家たちが多く所属している。

今や飛ぶ鳥落とす勢いの宮治もそのうちの一人だ。

「僕の師匠の桂伸治《しんじ》もそうですけど、芸術協会の場合、大前提として『とりあえずウケてこい』っていうのがあるんですよ。僕は笑いが取れるんだったら現代語でも何でも取り入れちゃいますよ。その点、一之輔兄さんは難しいと思いますよ。壊し過ぎると先輩や師匠方の目もありますから。ただ、僕もやり過ぎちゃうときがある。古典落語をやってる最中に一度、厠《かわや》（便所）のことをトイレって言っちゃってね。現代語を入れまくってたら、思わずトイレっちゃった。あれはさすがにやっちゃったなと思いましたね。落語の世界観をぶっ壊しちゃった。そうは言っても、僕の中にも一之輔兄さんほどじゃないけど、ここは越えちゃいけないなというラインはあるんですよ」

　両協会の違いは、こんなところにも表れる。

一之輔「うちの協会の場合、前座のうちはマクラは振るなと言われます。寄席では、特にそうです。なんなら『笑わそうとするな』ぐらいのことも言われますから。変にウケをねらったり、妙なことを言ったりすると怒られたりなんかして。自分の会のときは、後輩にはたいてい『（マクラを）振っていいよ』と言いますけどね。それにもいいところもあるし、悪いところもあるんだけど」

　落語を聴き始めてからまだ日が浅いと、前座に対して「おもしろくない」と不満を漏らしがちだ。だが、このような教育を受けているのだから当然と言えば当然なのだ。

寄席では通常、前座は開演時間の十分ほど前に上がる。なので、初めての人は開演時間になっていないのにもう始まっていると驚くことになる。このような習わしの背景には、前座は修行中の身なので料金に含まれていないという考え方がある。寄席以外の落語会で開演時間前に前座が上がることはほとんどないが、プログラムには「開口一番」と書かれているだけで演者の名前までは書かれていない。この慣習も前座を出演者としてカウントしていないことの表れの一つだ。

また、前座以降は一人の演者がいったん高座に上がったら、噺の途中で離着席するのはマナー違反になるが、前座のときはそれも許される。ホールによっては噺のまっただ中でも係員が座席まで案内してくれる。つまり、前座の噺は「芸未満」という扱いなのだ。

落語において笑わせてくれるのは落語家本人ではなく、噺の中の登場人物でなければならない。一之輔の場合もそうだ。マクラの段階では一之輔に笑わせられているのだが、噺に入ったら一之輔の存在は消え、噺の中に出てくる与太郎、八っつぁん、熊さんの言動に笑わされている。一之輔ではなく、彼らが愛《いと》おしくてたまらなくなるのだ。

ただし、そのように客の前に江戸の世界を現出させるには、まずは江戸の言葉を自由に繰ることが最低条件になる。ひと昔前の落語界は今以上に話し言葉に敏感で、地方出身者で訛《なま》りがあるというだけで入門を断られたという。現代人が何百年も前の言葉にリアリティーを持たせるのは、それくらいセンシティブな作業でもあるのだ。

セリフに命を吹き込むためには、言葉を覚え、それを暗唱するだけでは足りない。時代背景を学び、その時々の登場人物の感情に思いを馳《は》せ、それによって言葉が身体から湧き出てくるようにならなければならない。

落語家になったばかりの若手が、年配の隠居さんを演じ「ちょっと、おまえさん」とやっても、なかなか頭の中にすっと入ってこないものだ。つい、無理をしてるな、と思ってしまう。そこで客に違和感を抱かせないようにするだけでも相当な修行を要する。

なので「笑わそうとするな」という言い方は、決して笑わせてはいけないということではなく、ウケなくて当たり前なのだから、最初の段階はウケるウケないは気にする必要はないよという親心でもある。

「お笑い」として落語と同じ括りに入れられることもある漫才などとは、このあたりの手順が決定的に異なる。漫才ライブならたとえ一年目の若手でも全力で客を笑わせにかかるだろうし、それをやってやれないことはない。

それに対して、落語は「お笑い」である前に、まずは「伝統芸」なのだ。誰もが通過し、身につけなければならない最低限の技術がある。

とはいえ、これが落語芸術協会になると、またしても少し様相は異なる。宮治によれば「基本、マクラは振ってもいいパターンが多い」という。

「何度も言いますけど、うちの協会はウケりゃいいんですよ。ちゃんとウケるんだったら、振ってもいいよ、みたいな空気。そういう緩さは、うちの協会の方がある。ただ、最初のころは、だいたい撃沈して帰ってきます。自由にやり過ぎるのもどうかなって思いますけどね。でも、自分もけっこうやってた方ですね」

落語芸術協会と比べると落語協会の方針は頑《かたく》な過ぎるのではとも思えるが、一之輔は一定の理解を示す。

一之輔「僕はいいシステムなのかなと思いますよ。そういう感じで三、四年ぐらいは一生懸命大きな声を出してやってるだけでもいい。鈴本（演芸場）のマイクはエレベーターマイクつって、床からうぃーんって出てくるやつなんですけど、前座のときは出てこないんです。下に埋まったまんま。マイクは利いてますけど、かなり大きな声を出さないと拾ってくれない。お席亭の昔からの方針なんでしょうね。どんなにうまくても、声が聞こえなかったら意味がない。でかい声が出ないんじゃ、もう、向いてないとしか言いようがないんでね」

余談になるが、落語芸術協会は過去、鈴本演芸場と出演条件が折り合わず衝突したことがある。結局、両者は決裂し、それからというもの落語芸術協会の落語家たちは鈴本の舞台に上がれないままでいる。

「跡形もないな、おまえ」

落語の世界では「腹に入る」という表現をよく使う。つまり、何度も稽古を重ね、噺が血肉化することだ。

一之輔「よく『腹からしゃべれ』『自分の言葉でしゃべれ』って言うんですけど、それは本当にそうなんですよ。言葉が生きてないと、お客さんの耳に入っていかないですから。でも、それは自分の言葉に換えていいということではない。たとえば、昨日、『子ほめ』を習ったら教わった通り、『隠居さん、こんちは』『おお、八っつぁんか。まあ、こっちへお上がりよ』って言ってりゃいい。それを言いにくいからって『どうも、隠居さん』『おお、八っつぁん、上がって上がって』とやっても、たぶん伝わらない。僕も最初はテキスト通りにやってたんです。前座のときは、きっちり。何度も『隠居さん、こんちは』『おお、八っつぁんか。まあ、こっちへお上がりよ』を繰り返して、隠居さんと八っつぁんの人間関係が自分の腹に入った上で、自然と『隠居さん、どうも』『おお、八っつぁん』と出てきたのなら、それは落語になっていると思います。隠居さんと八っつぁんだねってなる。面倒くさいんですけどそこの肝がつかめると、落語ってすごく柔軟なんです。何をどう言ってもその空気感は伝わるようになってくる。そのコツがつかめれば落語って、こんな楽しいものはない。そして、次の段階として、少しずつ自我が芽生えてくる。欲求が出てくるんですよ。そうしたら、少しずつ自分のカラーを出していけばいい」

自制心と欲望。その間で揺れていた一之輔が、心が欲する方へ一歩踏み出したのは二ツ目になって三、四年目のころだったという。

一之輔「前座のうちから、少しずつ（自分のカラーを）出したくはなってたんですよ。ウズウズしていました。ここをこうやったら楽しそうだなとか。それはみんなそうじゃないかな。寄席のときは忠実にやっていましたけど、先輩が見てない場所では自分で考えたくすぐりをこっそり入れたりしていました。そのへん僕はずるいんですよ。ただ、無理矢理ぶっ込んでもダメなんです。まったくウケない。この状況だったらこの人はこう言いそうだなというのがひらめいて、自然と出ちゃった、というのが理想です。僕が本当に崩し始めたのは『茶の湯』あたりからだと思います。登場人物が勝手に動き始めて、噺によってはこういうやり方があってもいいんじゃねえかと思えてきたんです」

『茶の湯』は、根岸の里で隠遁《いんとん》生活を送ることになった隠居さんが道楽として茶の湯を始める噺だ。見栄《みえ》っ張《ぱ》りで、知ったかぶりをする隠居さんの茶の湯は完全な自己流。抹茶ではなく青《あお》黄粉《ぎなこ》に椋《むく》の皮（石鹼《せっけん》）を混ぜ泡立てたものをお茶だと称して出すなど、やることなすことてんで出たらめ。それによって周りの人たちが振り回され、疲弊していくというストーリーだ。

一之輔の『茶の湯』は、聞いたことのないようなセリフや比喩が満載だ。茶の湯のアレンジに関しては、こんな後日談がある。

一之輔「『茶の湯』も市馬師匠に教わったんです。二ツ目の終わりぐらいだったかな、僕の出番が市馬師匠の一つ前だった日があるんです。ネタがかぶったら申し訳ないので、いちおう『茶の湯』をやりたいんですけどって確認したら『おお、どんどんやれ』と。やり終えたあと、すれ違いざまに『お先です。ありがとうございました』って言ったら、『跡形もないな、おまえ』って。今でこそ『いいんだ、いいんだ。自分の形でやれば』っておっしゃってくれていますけど、あのころは、何を変えてくれてんだという思いはあったかもしれません。いや、あったと思うな。当時もニコニコ笑ってくれてはいましたけど。僕がよその一門だったから、そこまで言わなかったんでしょう。『竹の水仙』も市馬師匠に教わったんですけど、あれを聴いていただいたときは『おお、跡形はあるな』って言われましたね。『竹の水仙』はストーリーがよくできているし、そのままやっても普通に受け入れられる噺なので。ただ、どんな噺もそのままだと、ちょっと飽き足らないというか、モヤモヤするなというのはあるんですけどね。素材のまんまというのは、ちょっとストレスにもなる。かといって、どうすればいいのかもわからず、よくできた古典にそのまま乗っかっちゃってる感じ。そういうパターンはけっこうありますね」

――よくできた古典というのはもう少し具体的に言うと？

一之輔「いや、これもすごく感覚的な話なんですよ。『長屋の花見』とかも動かしにくいんですよね。落語の演目としてすごくシンボリックな感じがあるから。変えるポイントはあると思うんです。長屋の住人たちが貧しいながらも花見気分を味わおうと、タクアンを卵焼きに、大根の薄切りを蒲鉾《かまぼこ》に見立てて……なんていう噺なんでね。ただね、落語の世界観が確立してるっていうか、なんか手をつけにくいんだよな。そのまんまでいいかな、って思っちゃう」

師匠を「どうしちゃったの？」と驚かせた『初天神』

一之輔は二ツ目となって七年目の二〇一〇年、若手落語家の登竜門とされるＮＨＫ新人演芸大賞（現在のＮＨＫ新人落語大賞）を受賞している。

演目は『初天神』だった。このネタは、師匠の一朝をして「こいつどうしちゃったの？」と驚かせた出世噺でもある。一朝は感慨深げに語る。

「入門したときはね、落研出身だから、しゃべるのは慣れていた。でも、こいつはすごくなるぞ、みたいなのはなかったな。まあ、普通です。いや、本当に。ただね、僕は会うたびに『お稽古しなさい』と言っていて、一之輔は実践していました。当時、前座で自分の会を開くっつうことはね、ほとんどなかったと思うんだけど、あいつは『やりたい』というので『ああ、かまわないよ』と。とにかく噺を覚えるペースがすごかったんですよ。僕が見ていた若手の中ではダントツ。おい、大丈夫かと思ったくらい。あまり根詰めるなよ、って。そこはね、すごかったよ」

こんなやりとりが日常的に繰り返されたという。

「師匠、すいません。稽古をお願いします」

「何やるの?」

「何でもいいので」

「ああ、いいよ」

そして、しばらくすると、また一之輔がやってくる。

「師匠、お稽古をお願いします」

「またやるの?」

一朝はあきれ気味に思い出す。

「いや、もう、だって、聞いたら、俺のところだけじゃなく、他の師匠にも教わりに行ってて、同時並行で何本もやっててね。一、二週間ぐらいで『聴いてください』って来るわけですよ。そんなだからね、こいつはよくなるかも、というのはあったよ。あいつが変わってきたのは二ツ目になって、五年ぐらい経ったころかな」

一朝の記憶によれば、一門会のときだった。

「久しぶりに一之輔の噺を聴いて、『あれ? こいつどうしちゃったの?』みたいな。演目は、えーとね、『初天神』。いや、それはもう……。正直言ってね、うまくなったなっていうんじゃないんです。でも、おもしろいの。『こいつ、こんなにおもしろくなってきちゃったの?』みたいなね。そのときのショックは今も覚えてますよ。こりゃすげえなっていう」

『初天神』は父親と息子の金坊《きんぼう》が初詣に出かける噺で、お正月の定番ネタでもある。父親はあれを買って欲しい、これを買って欲しいと駄々をこねる息子を必死でいなすのだが、口のうまい子どもに言いくるめられて、あめ玉やらみたらし団子を買わされてしまう。

一之輔が演じる金坊は、やけに大人びていて、とにかく小生意気なのだが、それがまた愛くるしいのだ。

一之輔がNHK新人演芸大賞でこの噺を披露したとき、親子の口げんかシーンがいつも以上にヒートアップしてしまい、不覚にも涙がこみ上げてきてしまったという。

一之輔「お客さんがいいから調子に乗っちゃってね。親子の怒鳴り合いがものすごいことになっちゃった。『親に向かって、おまえはないだろう』っていうセリフがあるんですけどね。まあ、僕がそう思ったから、そう言ってるんですけど、生んでくれた親に向かって『おまえ』とはどういう料簡《りょうけん》だって思いながらしゃべっていたら、親の気持ちになってきちゃってね。本当に泣きはしなかったけど、親としてショックだったというか、傷ついてしまったんでしょうね。たまにね、本気で笑っちゃうときがあるんですよ。セリフが固まっていないから、自分で変なことを言って自分で笑っちゃう。ただ、泣いたことまではないんだけど、このときはそれに近い感じになった。感情が乗っかっちゃうときが、たまーにあるんですよ。笑っちゃうことの方が圧倒的に多いんですけど、それに近い感じで泣きそうになっちゃったんだと思います」

一之輔には二人の息子と一人の娘がいるが、当時、長男が四歳ぐらいだったので、父親の気持ちに必要以上に感情移入してしまったのだ。

一朝が衝撃の『初天神』を聴いたとき、楽屋に戻ってきた一之輔は、目が合うなり殊勝な顔をし「すいません、壊しちゃって……」と頭を下げてきたという。

「そのときは、自分が教えた噺だってことも忘れてましたね。もう、まるっきり違いましたから。自分が教えた噺とは。でも、それがおもしろいんだから、いいんですよ。それに、あいつはわかって壊してますから。むやみやたらと壊しているわけではない。一から十まで同じようにやる必要はないですしね。うちは師匠も、そんなのは嫌がる方だったから」

ここで一朝が「師匠」と呼ぶのは、今は亡き五代目・春風亭柳朝のことだ。先に説明したようにある時期まで四天王と称されたほどの実力者だった。

一朝によれば、柳朝はこんな落語家だった。

「うちの師匠はね、笑わせるところが十あっても全部はやらないの。七か八ぐらいにとどめておいて、これくらいウケれば十分でしょう、って。飛ばしちゃうっつうかね。他の人がウケてるときは、半分も出さないで降りてきちゃったり。『みんながウケさせちゃったら、客も疲れるから』って。その代わり他のみんながウケずに短い時間で降りてきちゃうと、『じゃあ、俺がやってやるよ』って、十一も、十二も笑わせてくる。そういうときは、思いも寄らないことを口走ったりする。すごかったですよ、うん。おもしろかった。そういうところは私より一之輔の方が似てるんじゃないかな。でも、一之輔はうちの師匠よりおもしろいですよ。もう、超えています」
一之輔が入門したとき、大師匠《おお》（師匠の師匠）の柳朝は、すでにこの世にいなかった。それでも一之輔は『江戸前の男　春風亭柳朝一代記』（吉川潮著、新潮社、一九九六年）を愛読するなど、彼なりに強い思い入れがある。

一之輔「僕はテープとかでしか聴いたことはないんですけど、うちの大師匠は笑い待ちをしないんです。というより、そういう意識がない。普通は笑いが起きたら、ちょっと間を空けるものなんです。その方が、また落ち着いてしゃべり出せるし、お客さんも落ち着いて聴ける。特に地方なんか行って、慣れていないんだけどよく笑うお客さんだなみたいなときは、ちょっと待ってあげた方が親切なんです。キャパシティーの問題もあるな。都内の寄席とか、そうだな、三〇〇席ぐらいのキャパだったら僕もほとんど笑い待ちはしない。ただ、一〇〇〇人とか一五〇〇人になると、前が笑ったのを見て後ろが笑うみたいな現象も起きるので、ちょっとペースを落としてあげないと全体がついてこれなくなってしまう。そうやってペースをコントロールしながら笑いが増幅していくのが理想なんですけど、柳朝師匠はとにかく飛ばしていくんです。

でも大師匠のすごいところは、お客さんがそのペースに食らいついている。一言一句聞き逃すまいと、どんどん前のめりになっていく。何つうのかな、客席が乗ってるんですよ。その感じがいちばんすごい。笑い待ちって、やり過ぎるといやらしくなるんです。柳朝師匠が笑い待ちをしないのはそういう照れもあったと思うな。そんな恥ずかしいことはしたくねぇ、って。俺はいつものペースで行くよ、って。ついてこられるやつはついてこいみたいな感覚だったんじゃないかな。ああいうのはカッコいいですよね」

――柳朝さんの音源の中で、いちばん印象的な演目は何ですか？

一之輔「『大工調べ』と『天災』かな。どちらもうちの師匠の十八番《おはこ》でもあって、僕も習って、何度かやったんですけど、なかなかうまくできないんですよね。僕らの一門は柳朝師匠の師匠（林家彦六）が稲荷町《いなりちょう》に住んでいたから、稲荷町の一門って呼ばれているんです。『天災』なんかは稲荷町の噺だなっていう印象があるので、やるのがちょっと怖いというのもある。そんなに起伏のある噺じゃないし。起伏があればストーリーで聴かせられちゃうんですけどね。『天災』みたいに会話だけというか、テンポと啖呵《たんか》で聴かせる噺はなかなか難しいんですよ。そもそも僕自身、言い立てとか啖呵って、あんまり好きじゃないんですよね。客が『来るぞ、来るぞ』って待ってる感じが嫌なんです。拍手をするのを待ってるというか。中手も良《よ》し悪《あ》しじゃないですか。お客さんが喜んでくれてんだったら、それでいいのかなと思いつつ」

中手は「なかで」と読む。噺の途中で湧き起こる拍手のことだ。蕎麦《そば》をすする仕草や長めの啖呵など、見事な所作や話芸に接した際、思わず手を叩《たた》きたくなることがある。そう、「思わず」ならいいのだが、それがどこか約束事になってしまっている感も否めない。演者も拍手を待っているし、客も拍手をしたくて仕方ないといった様子なのだ。『大工調べ』も啖呵のシーンが終わると往々にして中手が起きる。

一之輔「あれが変なプレッシャーになるんですよ。『大工調べ』は昔、二回か三回ぐらい続けて同じところでつっかえて、嫌になっちゃった。覚えたてのころです。まあ、要は稽古不足だったんでしょうね。そもそも稽古が嫌いなんで、稽古しないとできない噺は嫌なんです」

稽古が嫌いなのではない。一之輔は、稽古の跡が見えてしまうのが嫌なのだ。

一之輔が割と頻繁にかけるネタの中に『がまの油』がある。この噺の中で、がまの油売りが「さあさ、お立ち会い。ご用とお急ぎでない方は、ゆっくりと聞いておいで」と独特の口調で口上を述べるシーンがあるのだが、そのくだりが終わったときも時折、中手が起きる。

そんなときの一之輔は、本当に無力だ。「僕もやればできるんですよ……」などとしどろもどろになる。いつものクールで、ウィットに富んだ一之輔は影を潜め、ただの照れている人に堕す。とにかく、持ち上げられることが不得手なのだ。『がまの油』は口上よりも、むしろ、中手にうろたえている一之輔の方が見どころかもしれない。

一之輔は入門する前、一朝の十八番である『芝居の喧嘩《けんか》』と『片棒』が好きで繰り返し聴いていた。だが、『芝居の喧嘩』は一度くらいしかかけたことがなく、『片棒』にいたっては覚えてもいないという。『芝居の喧嘩』も『大工調べ』や『天災』と同じく、啖呵を切るシーンが一つの聴かせどころとなっている。

師匠の一朝にこのあたりの話を聞かせると、優しそうな顔をして言った。

「あいつはタイミングをはかってるだけ。やれば、できるんですよ。私もね、そうだったんです。師匠が得意にしてる噺は、生きてる間は無理だな、と。何つうんだろう、やるのが憚《はばか》られる、っていうのかな。それに、あいつのことだから噺を少し壊すでしょ？　師匠が大事にしている噺を壊しちゃったら申し訳ないなという思いもあるんでしょうね。あいつはそういう人間ですから。見かけと正反対で、ものすごく気遣いのできる男なんです。僕が死んだら、どちらの噺もやりますよ。弟子って、そういうもんですから」

ちなみに柳朝の出囃子《でばやし》（落語家の登場曲）は「さつまさ」で、この出囃子は、一之輔が二〇一二年に真打に昇進したとき、本人たっての希望で受け継ぐことが決まった。

出囃子の曲を選ぶときの制限はほとんどない。出囃子は通常、舞台袖の下座《げざ》というスペースに控えているお囃子が三味線で生演奏する。洋楽や童謡などポップな感じの出囃子を使う落語家もいる中、「さつまさ」は歌舞伎の『髪結新三《かみゆいしんざ》』に使われている曲で、いかにも落語家という雰囲気の調べだ。威厳があって、艶《あで》やかで、どこか物憂げで。真打で、相応の実力者でなければ似合わない出囃子だ。

こだわらないことにこだわっているように映る一之輔だが、出囃子の選曲に関しては珍しく彼のこだわりが露出している。

食わせてもらったネタ

食わせてもらったネタ。落語家は、そんな言い方をすることがある。つまり、十八番である。

一之輔「食わせてもらったというか、その人の売り物っつうのかな。そうなると『このネタは、この人が生きてるうちはできないよね』みたいになる。(古今亭)志ん朝師匠の『火焔太鼓』なんて、そうでしたからね。父親の志ん生師匠が売り物にして、それを長男の(金原亭《きんげんてい》)馬生《ばしょう》師匠とともにやっていらっしゃって。二人のお弟子さんたちも覚えるんだけど、やらなかった。師匠に『やっても損するだけだよ』って言われちゃう。どうしたって、比べられちゃいますから。まあ、やっちゃえばいいのかもしれないけど、それぐらいの扱いをされるようにならなきゃ『物にした』とは言えないんじゃないかな。単にウケただけで『物になった』と思っちゃう人もいるかもしれないけど」

――二、三〇本くらい噺を覚えたら、物になりそうなネタが出てくるものですか?

一之輔「いやいや、生涯に一本あったら大変なものですよ。と、思いますよ。『この人と一緒のときは、このネタは避けておかなきゃ』みたいなネタはね。小三治師匠が生きていたときは『小言念仏』がそうでしたよね。小三治師匠の十八番だったから。『初天神』もそうかな。特に正月なんかは、そうだよね。リスペクトの意味合いもあるし、上の人への気遣いでもあるし。このネタは残しておくべきだろうな、と」

一之輔で言えば、『粗忽《そこつ》の釘』は十分「物にした」と言っていいだろう。

そそっかしい夫と、しっかり者の妻が出てくると、落語の世界では、そんな夫を妻が叱り飛ばすという展開が一般的である。『粗忽の釘』もネタの名称に含まれている通り、そそっかしい男、つまり粗忽者の夫が出てくる。しかし、一之輔が演じる夫婦の関係性は、少々趣が異なる。失敗を繰り返し「俺ってそそっかしいな」と独りごちる夫に対し、妻は愛想を尽かすどころかまったく逆の反応を見せる。

「知ってる。ずっと見てたから。大好きだよ」

妻は夫の欠点を忌むのではなく、愛で包み込む。この設定が『粗忽の釘』に通底する夫婦愛の滑稽さを何倍にも増幅させているのだ。

一之輔「あのセリフはね、お客さんに乗せられて出てきたんですよ。だから、お客さんのお陰っちゃお陰です。僕は机の上で、ああしようとか考えたりはしないので。大前提として、逆を行くとくすぐりになるというのはあるわけですよ。だから、『バカだね、おまえさんは』と言うところの逆を行った。知ってたよ、そんなのお見通しだよ、と。そうすることでお客さんの意表をつけたし、夫婦のあり方としてこれはこれでアリだな、とも思った。くすぐりとして、すごく自然にハマったケースですよね。あのセリフが出てきたときの心情までは覚えてないですけど、しめた、しめた、いいのが来た、という感じはあったんじゃないかな。何回もやんないとね、そういうのは出てこないので。やっぱり回数をやることが大事なんです。何とかしたいときは、客に『もういいよ、飽きたよ』って思われても何度も何度もかける。かけ続けると登場人物にどんどん感情移入していって、いいなって思えてきますしね」

一之輔が『粗忽の釘』を頻繁にかけるようになったのは二ツ目になってしばらくしてからのことだったという。

一之輔「覚えた当初は、まだ前座だったので、自分に合う合わないみたいなのはわからなかった。なんでやり始めたのかな。一回、何かの弾みでウケたんじゃないかな。ハネると自信がつくんですよ。もう一回、やってみようかなってなる。そしてヒットが続くと、得意なのかなと思うようになってくる。もちろん、蹴られる（ウケない）こともあるんですよ。そういうときはそういうときで蹴られた理由を考えてみる。そうしているうちに無駄が省かれ、テンポが身体に馴染んでくる。そこまでになるには、お客さんの前でやらないとダメでしょうね。お客さんの反応を見ながら、今つかめたな、って。亭主とかみさんの感じとかがね。そういう瞬間があるんですよ。肌感覚ですけど」

一之輔の『粗忽の釘』は、犬まで登場する。名前は「ペロ」だ。

一之輔「あれはいつ出したのかな。（真打の）披露目のときは、まだ出してなかったと思いますね。なんか楽屋でひらめいて、試しにやってみたのかな。そうしたら、思いのほかウケたんですよね。ペロっていう間抜けな名前もよかったのかな。僕の中では犬っていうとペロというイメージなんです。ポチでも、シロでもない。あとで知ったんですけど、スペイン語で犬のことペロって言うんですね。スペインで落語をやったことあるんですけど、スペインの人に『こちらの人でもわかるようにペロという名前でやってくれたんですか？』って言われて。そのとき初めて知ったんです」

たった一席の二十周年記念

一之輔は、真打興行の初日と最終日に『粗忽の釘』をかけたように、ここぞという節目によく『粗忽の釘』をかける。初めての著書も『一之輔、高座に粗忽の釘を打つ』（白夜書房、二〇二二年）というタイトルだった。それだけ一之輔にとっては特別な噺なのだ。

一之輔は二〇二一年、芸歴二十周年を迎えた。しかし新型コロナ流行のまっただ中だったため、「記念イベントの予定も立てられず、もったいないですね」と向けると、ニヒルな笑顔を浮かべて言った。

「フッ。二十周年なんかで何かやったら笑われますよ」

落語の世界には確かに芸歴二十年の噺家などひよっこ同然だと言われかねない雰囲気がある。ただ、私はたまたま「二十周年興行」に立ち会うことができた。

二〇二一年四月の池袋演芸場の上席（一日～十日）、一之輔は夜の部のトリを務めた。その千秋楽で一之輔は、ある思い出話を始めた。

遡ることちょうど二十年前——。二〇〇一年四月の池袋演芸場の上席の、やはり夜の部のトリを任されていたのは、あの古今亭志ん朝だった。同年十月に鬼籍に入った志ん朝は、このときすでに末期がんに冒されていた。
　ひと月後に一朝の弟子となる一之輔は、客として最後になるだろう寄席通いのつもりで十日間、通い詰めたのだという。

一之輔「志ん朝師匠はそのころ、体調不良でずっと休んでいたんです。確か、久々に寄席でトリをとったんですよね。日に日にお客さんが増えていって、最後の方は立ち見でも入れずにロビーまで人が溢《あふ》れていました。池袋演芸場はお客さんがいっぱいになると入り口の扉を開けっぱなしにして、お客さんはロビーで聴いているんです。ほとんど見えないんですけど、声だけは漏れてくるんで。客席にいると、志ん朝師匠の前の演者さんの芸が終わった瞬間、空気が変わるのがわかる。みんな前のめりになるんです。『来た』って。そんな感じになる噺家って、なかなかいないですよ。志ん朝師匠の落語って、本当に気持ちいいじゃないですか。テンポといい、声のトーンといい。今でも志ん朝師匠のテープを聴くことあるんですけど、参考にならない。うま過ぎて。『できねえや、こんなの』って思っちゃう。今、五〇代とか六〇代ぐらいの世代の人たちは、みんな一時期、志ん朝師匠のスタイルを真似《まね》しようとしたらしいです。ほとんどコピーだね、みたいな人もいたらしくて。僕も大学生のころは、よく志ん朝師匠のテープを聴いて噺を覚えてました。志ん朝師匠で覚えた噺は、やっていても気持ちいいんですよ」

二十年前の池袋演芸場の千秋楽で、志ん朝はお家芸の『火焔太鼓』をかけた。

一之輔「終わって欲しくないな、って思いながら聴いてましたね。（道具屋の甚兵衛《じんべえ》さんが）お殿様から三〇〇両をもらって、お城から帰ってくると、ああ、もう噺が終わっちゃうんだなみたいな。そのときのことを何かの拍子に思い出したんですよ。あ、二十年前の志ん朝師匠と同じ芝居（十日間）なんだ、って。驚きましたね」

一之輔の千秋楽も、やはり多くの立ち見客が出た。そして、ひとしきり思い出話をしたあと「二十周年は別に何もやらないけど、今日が僕の二十周年記念です」と言って、十八番の『粗忽の釘』をかけたのだ。二十年前の志ん朝と、その二十年後の自分を重ね合わせるように。

一之輔はその日、七時五十五分ごろに高座に上がった。弟子の与いちが「ハチャメチャでしたね」と振り返ったように、二十周年記念の『粗忽の釘』は、またしても大幅に改変されていた。

後半、悪さをしたペロが地面に何度も叩きつけられるシーンを、これでもかというほど引っ張った。

一之輔「あのシーンは、あのころ、初めてやったんです。犬を叩きつける描写って、おもしろいなと思って。でもね、僕もそこまで悪人じゃないから、バーン、バーンってやりながら考えてたんですよ。殺しちゃうか、どこかへ飛んでいっちゃってそれっきりみたいな感じにしようかと思ったんだけど、どっちも嫌な感じが残る。結末として、ちょっと悲しいじゃないですか。くだらないことですけど、そのあたりのさじ加減って、すごく大事なんです。なので『尻尾を持って、犬をビタン、ビタン、ビタン、ビタン、ビタンってやって、ブーン、ブーンと振り回したら、ピューッとペロが弧を描いて飛んでいきましてね。向こうで、スタッと立ったんですよ。そしたら、ウゥーッて追っかけてきて、逃げろー、つってね』と。あそこは完全にアドリブ。あんまりウケなかったけど、俺は好きなんだよな、あのシーン」

出番が終わったとき、時計の針は、八時四十五分と五十分の間あたりを指していた。トリの持ち時間は通常、三十分程度なので、それを大幅に超えていた。夜の部のトリは時間の制約がほぼないとはいえ、ここまで長くやるケースはそうない。

一之輔の一席限りの「二十周年記念」興行は、こうして幕を下ろした。

逸脱が逸脱を生む「フリー落語」

今日の一之輔は「暴走」しそうだな。そんな日がある。

条件は客がいいときだ。ピント外れなところで笑いが起きることがなく、かつ、作ったかのような笑い声を上げる客がいないとき。

堪《こら》え切れずに思わず笑ってしまう。マクラの段階で、そんな吹き出すような笑いが頻発しているときの一之輔は心底、気持ちよさそうだ。上機嫌な一之輔を見ていると客の方もさらに楽しい気持ちになり、何を言っても、あるいは黙っているときでもそこに何らかの意味を汲《く》み取り、笑いが漏れる。

一之輔「今日は何を言ってもいいよ、っていう雰囲気になるときがあるんですよ。こっちも『いいの？　じゃあ、自由にやりますよ』って。客に甘えてるとも言えるんだけどね。そこでやって感触がよかったら、次の場所でもやってみる。そうやって微調整しつつ、こういう調子でやっていけばいいのかということがわかってくるんです」

――何かの噺の中で、登場人物が口笛を吹くシーンがありますよね。あれもアドリブなのですか。

一之輔「何かの拍子にやっちゃったんですよね。よく漫画とかアニメで何かを誤魔化そうとするときに口笛を吹いたりするじゃないですか。実際にやる人はいませんけど。あのイメージですね。そうしたらウケたんで。くすぐりを思いついても、その日しか言わなかったなんてこともしょっちゅうあります。終わったあと、忘れちゃったりするんで。僕にとっても、お客さんにとっても、落語って一期一会みたいなところがあるんです」

――『青菜』という噺の中では、水生昆虫のタガメが出てきますよね。

一之輔「あれも急に出てきた。アドリブで。うちのカカア、こんなんだよ（タガメが獲物を抱え込むときに使う前脚の真似をする）。こうやって、がしゃーんって魚を食うやつに似てるって言われるんですよ。タガメだ。タガメに似てる、って。ちょうどNHKで『ゲゲゲの女房』をやってるときだったんで、『タガメの女房』って言われてるんですよ、って。あれは最初から、けっこうウケましたね」

落語はよくジャズにたとえられるが、一之輔の落語こそまさにジャズだ。落語の中に一之輔本人が登場し、噺の中の登場人物の姿を借りて突然、自己主張を始めたり、気づくと英語をしゃべっていたりする。あえて脱線という不協和音を奏でるのだ。脱線はさらなる脱線を呼び、その脱線がまた脱線を引き寄せる。だが、不思議とそれがメロディーのようにも聞こえてくる。目の前に新たな世界の扉が現れるのだ。

一之輔「僕はジャズをそんなに聴かないので、どこがどう似ているのかあんまりわからないんですけど、山下洋輔さん（ジャズピアノの巨匠）とかが肘でピアノの鍵盤をゴーンと叩いたりするじゃないですか。そうやって、演奏をどんどん壊していく。フリージャズっていうんですか？　あれも計算ではないですよね。落語もそんなときがあるんですよ。時間の流れがゆったりしてきて、俯瞰《ふかん》ですべてが見えるような感じになってくる。登場人物の会話もどんどん自由が利いてきて、あっちに逸れたり、こっちに逸れたりする。落語が踊り出すっていうのかな。登場人物たちが勝手にしゃべり出すんです。こいつならこういうことを言いそうだなってことを言ってくれる。そうするとお客さんも笑ってくれるし、自分も楽しくなってきちゃう。いいんだか悪いんだかわからないんですけど」

一之輔の「フリー落語」を体感するのに、もっとも適しているのは『千早《ちはや》ふる』や『短命』あたりだろう。

一之輔「落語って、会話劇みたいなのが多いじゃないですか。八っつぁんがご隠居さんのところにやってきて、『これ、どういうことですか？』『こういうことだよ』って教えるという。『千早ふる』とか『短命』とか。ああいう噺は根問《ねどい》っていうんですけど、物語の筋を追う噺じゃないので、感覚的には漫談に近いんですよ。なので、今日はぶっ壊れてもいいやというときがある。落語を飛び出しちゃえ、って。もう、飛び道具みたいなもん。メタ（超越）視線。普段は、そこまではしない。自分の中に踏み越えてはいけないラインを見張ってくれている人がいて、ストップをかけてくる。けど、ぶっ壊れてもいいやというときは、その人には休憩しといてもらいます」

落語の世界では「メタ落語」という言葉を割と頻繁に耳にする。メタ落語とは何か。柳家わさびが説明する。

「普通の落語家って、マニュアル通りに、コップの中身をいかに充実させるかってことを考えるものなんですよ。そこから溢れさせないようにしつつ、いかに内側を贅沢《ぜいたく》なものにしていくか。能とかもそうですよね。怒り、喜び、悲しみを表現する型というものがある。そこは絶対に崩さない。でも、一之輔兄《あにい》はコップの外側に出ちゃってる。いろいろなアドリブを入れて。あれは場数のなせる業だと思うんですよね。いや、一之輔兄の場合は、もうアドリブでもないのかもしれませんね」

根問とは、根掘り葉掘り聞くという意味。物を知らない熊さん（熊五郎）や八っつぁん（八五郎）が横町の隠居さんの家に何かを聞きにやってくるというのが落語の一つの王道パターンだ。

『千早ふる』は、ある日、八っつぁんが隠居さんの家を訪ねてきて、教えを請うところから噺が始まる。なんでも娘が百人一首に興じていて、在原業平朝臣《ありわらのなりひらあそん》が詠んだ〈千早ぶる　神代《かみよ》も

聞かず　龍田川《たつたがわ》　からくれないに　水くくるとは〉という歌の意味を質問されたが、無学な八っつぁんにはさっぱりわからない。そこで隠居さんを頼るのだが、じつは隠居さんも歌の素養がなく、ちんぷんかんな問答が展開される。

一之輔の『千早ふる』は客の笑い声がガソリンとなり、暴走がどんどんエスカレートしていくところが見どころだ。

一之輔「『千早ふる』なんてね、もうほとんどアドリブでしゃべってますから。自分でも『何言ってんだ?』って思いながら。そういうときはたいてい、登場人物にも言わせちゃいます。『何言ってんだ?』って。まあ、卑怯《ひきょう》っちゃあ卑怯な手を使ってる」

『短命』も登場人物は、八っつぁんと隠居さん。ちなみに落語の世界では与太郎や金坊など、呼称が重複するキャラクターが何度も登場するが同一人物ではない。時代や立場を象徴する名前として記号的に使われているに過ぎない。現代風に言えば、「太郎」や「花子」といったイメージだ。

『短命』における謎は、ずばり死因だ。大店の質屋、伊勢屋には美人の娘がいる。伊勢屋は跡取りとして婿養子をとるのだが、その婿養子が三人立て続けに亡くなってしまう。それを疑問に思った八っつぁんが例によって隠居さんを質問攻めにするわけだ。

一之輔「まあ、会話なんて、今、初めてしゃべったようにやろうとすると、どうしたってちょっと動くんですよ。あいさつでも『こんちは』って入ってきて、『ああ、誰だい、八っつぁんかい。お座んなさい』『どうも』『しばらくだったね』『ええ、こちらこそ』みたいに覚えていたとしても、『どうも』『おお、どうしたい』だけで済んじゃうときもある。そうすると、この噺は動いてきたぞみたいな感覚になる。特に隠居さんと八っつぁんしか出てこないような噺は動かしやすいんですよね。『千早ふる』と『短命』はその集大成じゃあないけど、そういう意味では行き着くところまで行ったみたいなところがあります。（噺が）腹にさえ入っちゃえば、セリフなんて何でもいいんだぞ、って。『短命』あたりは普通、爆笑までは行かない噺なんです。それでいいんです。でも僕は無理矢理ウケさせようとして、ああいう感じでやっているんです。なので、初めて落語を聴くようなお客さんの前ではこの手の噺はやりません。くすぐりがあまりにも尖《とが》っていて、『ん？』という感じになるので。地方の初めてやるような場所では、もっとシンプルな落語をやります。素材の味を生かした料理。落語を信用してもらうためにも。

別に地方のお客さんをバカにしているわけじゃないんですよ。最初くらいは、普通に落語っていいいね、って思ってもらいたいじゃないですか。メタ落語はあくまで応用編です。落語本来の楽しさって、そこじゃないと思っているので。落語のストーリーって本当によくできてるんですよ。普通にやればおもしろい。教わった通りにやっても」

『短命』に関しては忘れられないエピソードがある。大阪で昼と夜、二回公演が行われた日の昼の部でのことだ。

一之輔は冒頭、最前列の母親に連れられてきただろう小学校低学年くらいの男の子のことを再三、イジっていた。なので、そんな彼にも理解しやすい『初天神』のような小さな子どもが出てくる噺をするのかなと思いきや、一之輔が選んだのは『短命』だった。

じつはこの『短命』は、艶っぽい噺でもある。それゆえに隠居さんは婿養子が死んだ理由を八っつぁんにそれとなく示しては「短命だろ」と問いかけるのだが、鈍感な八っつぁんにはいつまで経っても話の核心が見えてこない。

おそらくはその小学生も同じだったのではないか。母親は母親で、噺の最中、ずっと気まずかっただろうし、息子に短命の理由を聞かれたらなんて答えればいいのかと落ち着かない気持ちを抱えていたはずだ。

一之輔「基本、僕って意地が悪いんですよ。人の期待を裏切りたい。いいんです。落語会なんて、そんなに品行方正なものではないので。あれも何をやるか決めずに上がってたんだと思います。ああいう裏切り方は好きなんですよ」

一之輔の稽古は「うーん」しか言わない

名選手は名監督にあらず。スポーツの世界では頻繁にそのような説が語られるが、それは芸事の世界にも当てはまるのかもしれない。

一之輔「僕は人に教えるの、うまくないと思います。向いてないというか。まず、なんでできねえんだって思っちゃうんですよね。で、結局、自分が『こういうことだよ』って、もう一回やってみせるんですけど。でも、そのやり方が合ってるかどうかもわからないですから。落語に正解はないんで。そこがおもしろいんですけどね」

一之輔の一番弟子である㐂いちは、一之輔との稽古の様子をこう振り返る。

「一之輔は感覚でやってるから、稽古のとき、その感覚をどう伝えていいかわからないみたいなんです。『うーん、うーん』みたいな。『うーん、まあ……、うーん』って。極端な言い方をしてしまうと、『うーん』しか言わない。やっぱり、天才なんでしょうね。僕は（柳家）三三師匠のところにもよく稽古に行くんですけど、三三師匠にはすごいロジックがあるんです。ここはこのタイミングで上下を切って（顔の向きを変えて話者が変わったことを示す）、ここで笑いがきたら正解だよ、みたいな。でも一之輔は最終的に『とにかくお客さんの前でやってみろ』と、そこに落ち着くしかないんです」

誰かに噺を教えるとき、自分でアレンジした形をそのまま教える人もいるが、一之輔はイジる前の形、つまり、かつて自身が稽古をつけてもらったときの形のまま伝える。

一之輔「たまに僕のところにも噺を教わりにくる後輩がいるんですけど、そういうときは必ずこう伝えます。『教わった形で教えるからね。くすぐりがいっぱい入っている僕の形をやりたいんだったら、まずはこの形を覚えてからにしなさい。次、あなたが誰かに教えるときも最初の形で教えてくださいね』と。つうと、腑《ふ》に落ちないような顔をする後輩がいるんですけどね。

でも、本来、そういうものなんです。伝統芸能なんで。イジった形を教えてしまうと、噺がどんどん変わっていって、ルーツがわからなくなってしまう。あと、それがあるから崩し過ぎたとき、戻れるんですよ。僕もやり過ぎだなと思ったら、もとの形に戻しますから。だからね、何が言いたいかというと、僕のところになんて教わりにこない方がいいと思うんです」

――でも、たとえば一之輔さんに『初天神』を習いたい、という人の気持ちはわかる気がしますね。

一之輔「僕のところに『初天神』を教わりにきた人はいないな。もし来たら、ちょっとセンスないなと思います。誰に教わるかというのも、その人のセンスなんですよ。なるべく本寸法の落語をやってる人から教わった方がいい。『粗忽の釘』は何人かに教えましたけど。ただ、さっきも言ったように、どの噺も僕が教わったもとの形で教えます。そのあと、自分の判断で変えるぶんには僕はぜんぜん構わないんですけど、前座のうちは変えない方がいいよと言います。まだ、庇護《ひご》のもとにいるわけですから。変えるなら二ツ目になってからの方がいい。二ツ目になったら、もう自分で落語をやって食っていくしかないわけですから。好きにやればいい。そこからは自己責任だと思います」

　前座の期間は、だいたい三年から五年程度。その間は「なんとなく生活できちゃう」と話すのは弟子の彦いちだ。

「前座の前に見習いというのがあって、それがだいたい一年ぐらいなんです。僕は見習いのときはバイトをしていました。収入がほぼないんで。でも前座になっちゃえば、バイトをする必要はない。というか、そんな暇がなくなるんです。三百六十五日、寄席があるんで。前座は寄席の運営を任されていますから。そこで太鼓を叩いたり、お茶を出したりと、いろいろと下働きをしなければならない。そうすれば、少ないですけどお金はもらえます。それに前座時代って、出費がほとんどないんですよ。忙しいからお金を使う時間がないし、いろんな先輩方がごちそうしてくれるし。着物ももらえますからね」

　だが、二ツ目になった途端、自由の身となるものの、収入の道は自分で切り開かなければならなくなる。泳ぎ方さえままならぬまま、大海に放り出されるようなものだ。二ツ目になると、前座時代とはまた違った意味でバイトはしにくくなるそうだ。彦いちが続ける。

「二ツ目でバイトをしているというのは、ちょっと恥ずかしいんですよ。芸人として。落語で生活していかなければならない身分なので。ただ、（バイトを）している人はいるとは思いますよ。でも、言わないですね。言えないと思います。ネタとしてばらす人はいますけどね。Uber Eatsをやってます、とか。でも落語家なら基本的にはみんな言いたくないっていうのはあると思います」

前座時代から一定の評価を得ていた一之輔も二ツ目になってからは当然、もがき、喘《あえ》いだ時期がある。

一之輔「二、三年はやっぱり大変でしたね。結婚して、子どもも生まれていましたから。四〇人キャパのところで勉強会をやっていたんですけど、最初は一四人でした。その会場で計二〇回やったんですけど、四〇人入ったときもあれば、十何人だったこともあるみたいな感じで。仕事がぜんぜんない時期もありましたし。こんなこと言ったら昔の人に怒られるかもしれないけど、貧乏は貧乏でしたね」

二ツ目になると、自分で落語会を企画し、会場を借り、チケットを売りさばかなければならない。客を獲得するためには、きれいごとばかり言ってはいられない。だから、一之輔は二ツ目になったら「好きにやればいい」と自立を促すのだ。

卑怯な手。客に甘える。襟首を、あるいは胸ぐらをつかんででも笑わせにいく。これらは一之輔がよく使う表現で、いずれも照れや謙遜や自戒が多少なりとも含まれているように思われる。ただ、一方で「襟首をつかんででも……」という言い方には、手段を選ばずに笑わせにかかるのは上品なやり方ではないと自覚しつつも、それができてこそプロなのだというプライドもにじみ出ている。

同志、柳家喜多八

一之輔「笑わない客を無理矢理、笑わせることはできると思いますよ。いい悪いは別として。やり方は、いろいろありますから。お客さんがぼんやりしているときなんかは脅かした方がいいんです。でけぇ声を出して。そうしたら、オッとなるでしょ。それで起きるというか、目が覚める。あとは、あんまりお行儀のいい方法じゃないけど、前の席のお客さんをちょっとイジってみたりすることもあります。案配が難しいんですけどね。やり過ぎると、落語に入ったときにお客さんが戻ってこれなくなっちゃうんで。素直に『笑わないね』って言っちゃうこともあります。『何のために来てるの？　何か嫌なことでもあった？』とかね。もちろん、投げちゃうときもある。今日はダメだな、つって。なんかしっくり来ないな、つって、気づいたら、もうオチだみたいな。でも、投げそうになっても限界まで踏みとどまるようにはしてるんです。悔しいから。遠くから来ているお客さんに『今日は気合い入ってないな』と思われるのも嫌だし。そうすると、最後、サゲ（オチ）を言ったときにドンとウケたりする。そういうの、あるんですよ。心折れずにやってると、案外、聴いててくれたんだなということも」

柳家小三治など名人クラスの落語家ほど、とかく「笑わせようとしてはいけない」と言いがちだ。それは既述したような、前座に対して「笑わそうとするな」と言うのとはややニュアンスが異なる。安易に客に媚《こ》びるなという芸人としての矜持《きょうじ》が見え隠れしている。

だが、一之輔は、そんな風潮に与《くみ》することを潔しとはしない。

一之輔「まあ、カッコいいんですけどね。『笑わせようとしてるから、客が笑わねえんだ』みたいな言い方は。でもなぁ。だって、笑ってもらいたいじゃないですか。師匠方だって、笑わせるために言っているフレーズ、山ほどあるわけですから。だから、そう言う前にもうちょっと具体的に助言してあげた方が親切だなとは思うんですよね。お客さんにもよるんだけど、『そこは押すんじゃなくて、一拍置いてポロッと言うんだよ』とか、『そこは寄り添うんじゃなくて、突き放すようにパーンと言った方がいいんだよ』とか。空回りするぐらいガンガン攻めて、それでお客さんがつい笑っちゃう場合もある。それはそれでいいわけですよ。そういう説明を経て『笑わせよう、笑わせようと思って言っちゃダメなんだよ』と言うのなら、わかるんです。笑ってもらうためにわざとらしく言うんじゃなくて、この登場人物がいかにも言いそうなセリフ、言い方にしなさい、って。それで、お客さんが思わず笑っちゃうのがベストなんだよ、と。『笑わせるな』は本来、最後の最後に言う言葉、極論なわけです。だって、歴代の名人と呼ばれる噺家の中で笑いが少なかった人なんていないわけですから。やっぱり、根底には何がなんでも笑わせてやろうという気概がなきゃダメだと思うんですよ」

そんな気概の持ち主として、一之輔が敬愛してやまなかった同志のうちの一人に柳家喜多八がいる。

顔の彫りが深く、髪をきれいに七三にわけていた喜多八は、落語ファンの間では「殿下」の愛称で親しまれていた。オペラ歌手のような奥行きのある声質で、いつも千年の眠りから覚めたばかりのような眠たげな目をしていた。高座に登場すると座布団に歩を進めている段階で、すでにあたりはすっかり喜多八色に染まっていたものだ。

一之輔「喜多八師匠には、いくつか教えていただきましたけど、どれも寄席で頻繁にやる噺が多い気がするな。『鈴ヶ森』とか『あくび指南』とか。『代書屋』もか。『あくび指南』なんかは、本来、ウケなくてもいいと思われているような噺だと思います。実際、そう書いている師匠もいるくらいですから。雨が降っている日の平日の昼、客入りの少ない寄席で、一時半くらいに淡々とやって、こういう噺もいいよね、みたいな。水墨画のような、山水画のような噺というか。そこへいくと、喜多八師匠のは、完全に攻めの『あくび指南』でしたね。とにかく笑わせにいく。喜多八師匠の本を読んだら、ウケなくてもいいというのは笑わせられない噺家の言い訳だみたいな、かなり尖ったことが書いてありました。僕も今のやり方は、かなり盛っている。僕の中では、かなり強引に笑いを取りにいくタイプの噺ですね。落語に馴染みのない人だと、そもそもわかりにくい噺じゃないですか。『あくびの稽古をするって、どういう意味？』って、そこでシャッターを下ろされてしまう。だから、シャッターをこじ開けて、無理矢理でもいいから入っていく。それこそ、胸ぐらをつかんででも笑わせてやろう、としているところがあります」

　喜多八は二〇一六年五月十七日、六六歳で大腸がんのため亡くなった。

　そのころ、落語界の話題と言えば、もっぱら『笑点』の司会を務めていた桂歌丸《うたまる》の体調についてだった。さまざまな病で入退院を繰り返していた歌丸は、酸素吸入器を背負って高座に上がるなどビジュアル的なインパクトの強さも相まって、ことあるごとに派手に報じられていた。

　一方、喜多八の死は世間的には、ほぼ無名の人が亡くなったのに等しかった。その落差に一抹のさみしさを覚えていたとき、そんな虚《むな》しさを吹き飛ばしてくれる出来事があった。

　喜多八が亡くなった数日後の真一文字の会で、一之輔は、最後のネタとして『あくび指南』を選んだ。少し不思議だった。本来、最後に持ってくるようなネタではないからだ。

　その日の『あくび指南』はすごみさえ帯びていた。高座に座る一之輔は、人を笑わせる化け物のようにすら見えた。抱腹絶倒から喜色満面になり、感慨無量に浸る。そんなひとときだった。

　ネタが終わって頭を下げると、通常は、緞帳《どんちょう》が下りてくる。しかしこの日は、一向に下りてくる気配がない。一之輔が再び顔を上げた。ひと言、何かしゃべるのだと思った。

そのようにネタのあと「今日の出来は……」と少し感想を付け加えたりするのは談志の定番のスタイルだった。立川流の落語家たちの中には、その流儀を踏襲している者もいる。ただ、ほとんどの落語家たちは、ネタを終えたあとに何かを語ったりはしない。それが美学でもある。一之輔などは性格上、そうした行為をもっとも嫌うタイプだ。少なくとも私が観た中で、一之輔がネタのあとに何かしゃべるのを目撃したのはこのときだけだった。

正面を向いて、一之輔は淡々とこうとだけ付け加えた。

「えー、今日は喜多八師匠に教わった形でやってみました」

落語家が落語家にできる最高の手向けだった。

一、寄席の人

談志の弟子にならなかった理由

一之輔が一朝の弟子になったことが不思議でならなかった。タイプがまったく違うように思えたからだ。

一之輔はラグビー部をやめ、寄席通いを始めたころ、立川談志の『鼠穴《ねずみあな》』のカセットテープを聴き、涙を流したことがあったという。

一之輔「部屋で一人、寝っ転がりながら目をつぶって聴いていました。そうしたら、ものすごい引き込まれて。落語って、もちろんライブがいちばんいいんですけど、次は音だけの方がいい気がするんですよね。動きや表情が見えないとおもしろさが伝わらない噺は別として。目をつぶって音だけ聴いてると、想像力もかき立てられますし。画があると、どうしても目からの情報を得ようとし過ぎて、聴く方の意識が疎《おろそ》かになってしまうと思うんです。音だけで頭の中にイメージが広がる人は、やっぱりうまいんですよ。『鼠穴』のときは、噺の筋をまったく知らずに聴いていたので、最後、ホッとして泣いちゃったんです。あんときぐらいじゃないかな、落語でぽろぽろ涙を流したのなんて」

よかったという安堵の涙だった。『鼠穴』を聴けば、一之輔がどこで涙を流したのかわかるはずだ。

一之輔「談志師匠は、大学生になって最初のころまで追っかけてたんです。追っかけていたというほど通っていたわけでもないんだけど。そう言えば、談志師匠が客に怒ってるのを目撃したこともあったな。前の方に座っていた大学生ぐらいの姉ちゃんが、なんでここで笑っちゃうんだというところでケラケラ笑ってて。しかも、甲高い笑い声なんです。談志師匠の性格を知っているお客さんは、まずいぞ、って感じで見てたんです。そうしたら案の定、噺を中断して怒ってましたね」

——一之輔さんはそういうお客さんがいたら、どうするんですか？

一之輔「登場人物に『そんなに笑うところじゃない』って言わせたりしたこともありましたね。妙な空気になるんでね。他のお客さんにも悪いじゃないですか。最後まで、あの変な笑い声のせいで……って思わせてしまったら。ネタに昇華させると空気が和んだりするんでね。携帯電話もね、登場人物に『鳴ってるよ』て言わせたこともありました。マクラの最中だったら『ここに来てるぐらいなんだから、そんなに忙しいわけないでしょ』なんて言ったり。でも、あんまり無理にイジると興ざめしちゃうんですよ。難しいところだと思います。イジったせいで周りの客が変に盛り上がるのもムカつくし。だから、最近は無視することの方が多いかな」

落語好きだったら、おそらく誰もが一度は談志にたどり着く。そして、そこでどっぷり浸かる者もいれば、離れていく者もいる。一之輔は後者だった。

一之輔「ちょっと引いてしまった。なんか違うな、って。噺家になってからも、どこかで一緒になる機会はありそうなもんなんだけど、お会いする機会はありませんでしたね。冷めた言い方ですけど、会わないなら会わないで別にいいかな、というぐらいで。談志師匠の本当にいいとき、五〇代から六〇代にかけての高座を生で観られたんで。いちばんいいときと言っても、いつだったかわからないですけどね。談志師匠の場合は。時代によって顔が違うというか、やり方も変わっていったじゃないですか。ＣＤでしか知らないんですけど、真打になったばかりの『談志ひとり会』を聴いてると、やっぱりうまいなと思いますもんね。それがだんだん『伝統を現代に』と言い始め、『イリュージョン落語』に変わって、最後は『江戸の風』と言うようになった。それぞれの時期で違うんですよ」

――談志さんはとりわけ毀誉褒貶《きよほうへん》の多い人物なので、お弟子さんたちは本当に大変だったんだろうなと想像してしまうんです。一之輔さんは高校三年生のときに大学受験に失敗し、そのまま落語家になろうとしたけれど、親に大学に行って欲しいと反対されたんですよね。もし、そのとき親の承諾を得られていたら、ファンだった談志さんの弟子になる道を選んでいたかもしれないのですか？

一之輔「どうかな。でも、行かなくてよかった。それは本当に思いますよ。ははははは。談志師匠に限った話ではないですけど、師匠の芸に惚《ほ》れたんだからあとは何でも許せるみたいな言い方をするじゃないですか。でも実際のところ、下の者からしたら師弟関係って、そんなきれいごとでは済まないこともあると思いますよ。その点、僕はラッキーでした。うちの師匠で本当によかったと思いますね」

日大芸術学部の落語研究会で二学年下だった柳家わさびは、一之輔が一朝門下に入った当時のことをこう振り返る。

「川上先輩（一之輔の本名）はどこへ行くのかな、みたいな話はしてたんですよ。『真面目そうだから柳家かな』とか。でも私、大学生のときには落語家のことをほとんど知らなくて。だから一朝師匠の名前を聞いたときは『誰？』って」

アマチュア時代、巡り巡って一之輔が最後に流れ着いた場所。それは寄席だった。寄席に惚れて落語の世界にのめり込み、最終的には寄席に帰ってきたのだった。

一之輔「高校二年生の春かな、初めて寄席を観たときは『何だ、これ？』って。漫談だけで降りちゃう落語家もいたりして。おじいちゃんが愚痴だけこぼして引っ込んじゃったぞ、みたいな。たいしておもしろくもないのに、それを生業《なりわい》にして生きている。そのぬるま湯加減が肌に合ったというのかな。それをきっかけに高校、大学のころは、寝ても覚めても落語のことばかり考えているような時期がありました。いろんな人を好きになって、いろんな人を観に行きましたから。けど、僕は最終的には寄席に落ち着いたんです。独演会とかも、そんなに行かなくなってしまった。大きな場所で二時間、一人でみっちりやるのもいいんですけど、それよりも寄席の方が性に合っていたんです。あんな空間、他にないじゃないですか。治外法権というのかな。世間の流れから隔絶されている。その感じも好きだったんですよね」

二〇二〇年春、新型コロナが流行したときもコンサートや演劇、あるいは漫才ライブなどが次々と上演を自粛する中、落語会だけはひっそりと開催されていたものだ。

三月上旬、ほとんどのエンターテインメントが開催を見送っていた時期に開かれた真一文字の会は異様なムードに包まれていた。開催延期の連絡がいつまで経っても入らないので、疑心暗鬼のまま国立演芸場へ赴いた記憶がある。会が行われるにせよ、さすがに客は少なめなのではないかと思いきや席はいっぱいだった。しかも、全員がマスクをし、息を詰めて開演時間を待っていた。まるで秘密結社の集会のような雰囲気だった。

そこで一之輔は何席目かに『らくだ』という死人が出てくる不気味な大ネタを選んだ。

一之輔「あの日は、ちょっと熱いものを感じましたね。こっちも、そういう気持ちがありました。こういう状況の中、私たちは集まっているんですという。客席に変な一体感があった。落語をやる空気感としては、本来の姿ではないんですけどね。『らくだ』って、なんかそういうときにやりがちなんですよ。台風が接近している日の夜とか。（落語を聴きに）来ていることに対する後ろめたさみたいなものが漂っているときに合う。コロナのときも、お客さんが人目を憚りながら足を運んでくれた感じがあったじゃないですか。もともと落語って、そういうカルチャーなんだと思いますよ。戦争中もやっていたって聞きますしね。寄席は個人営業なので、国からやめろと言われない限りはやっちゃう。客は、そこへこっそりと通う。家に帰りたくない親父《おやじ》が酒を飲みながら郭噺《くるわばなし》（遊郭《ゆうかく》を舞台にした色っぽい噺）を聴いたりなんかして。現実逃避の場所というかね。うちの師匠は、そんな寄席にずっと出続けていた芸人なんです。大師匠の柳朝師匠もホールみたいな大きな会場でもやっていたけど、寄席にも出ていた。落語家らしい生き方をしていたんだなという印象がある。寄席で一席だけやって『お先』って、すっと帰る。そういう落語家像に憧れたんですよね」

「ごくらくらくご」というアカウントが、X（旧ツイッター）で二〇一七年から二〇二〇年の落語協会メンバーの寄席の顔付《かおづ》け（出演する演者のリストに名前が載ること）ランキングを発表している。そこで一朝は四年連続で一位にランクされていた。

寄席は十日ごとにメンバーが入れ替わる。そして、その十日間のことを「一芝居《ひと》」と呼ぶ習わしがある。一朝が話す。

「僕は寄席の仕事は、ほとんど断らないですから。休みっつうか、寄席が入っていないのは一芝居か二芝居くらい。何年か前は一日も休みがなかった。三百六十五日、必ずどこかでしゃべっていた。なので、旅行に行くとかもやったことがないですね」

二つの寄席を掛け持ちしている日もあるだろうから、寄席の出番だけでも優に年間五〇〇席はあるに違いない。

大変だなとも思うが、一九五〇年生まれの一朝は、いつだって溌剌《はつらつ》としている。

「いやあ、幸せですよ。毎日、しゃべることができるというのは。人前でしゃべることが、いちばんの稽古ですから。月に一芝居とか、三月《みつき》に一芝居しか出ないような人は、せっかく出るんだからと得意ネタばかりをやるでしょう。でも毎日、出ていれば『しばらくやってないから、あれやってみよう』みたいなこともできる。お客さんってのは毎日違って、中にはしぶとい客もいるわけですよ。そういう中で、私の場合、いろいろな選択肢があるので『今日はこういう客か。じゃあ、こっちの噺にしようかな』みたいなね。だいたい、当たります。毎日、しゃべってると、そういうのがわかるようになってくるんです。コツみたいなのっていうのかな」

ネタ選びの重要性を語るのは、一之輔の二番弟子、与いちだ。

「その日によって、客席のノリってぜんぜん違うんです。何を言っても笑うときもあれば、どんだけ出来のいい落語をぶつけても笑わないときもある。この前も、けっこう笑わない感じの日がありまして。夜、本当に深い時間のひざ前（トリの二つ前）で、（柳家）さん喬師匠が『初天神』をやって、すごいウケたんです。あの位置で、前座噺の『初天神』をやるというのは、通常はないと思うんですけど。あんなにウケるってことは『初天神』が正解だったんでしょうね。あれはやっぱり経験豊富なさん喬師匠だからこそできるネタのチョイスだったんだと思います。売れている師匠って、うまいだけじゃないんですよ。その日、客がいちばん求めている噺を選ぶセンサーが優れている。ネタ選びは、本当にデカい。たぶん、落語の技術と同じくらい必要なものだと思いますね」

寄席への偏愛

一之輔は一朝の芸風をこう語る。

一之輔「江戸前の芸風をいちばん受け継いでいるんじゃないですか。スッキリしていて、気持ちのいい落語。耳にすんなり入ってくるというか、馴染みやすいんです。僕が今やっている落語とはちょっと違いますね。自分が客だったころは、だんだんと渋い人が好きになっていったんです。今、自分がやってるような落語は『こいつ、どうなの?』って思うときの方が多かった。うちの師匠を選んだときは『渋好みだね』って言われましたね。本当は師匠みたいな落語が好きなんです。だから真似したかったんですけど、僕はあんまり似なかったな。師匠は『それでいいんだ』って言ってくれますけど。それが個性だし、落語だって。師匠が好きで弟子になったので、ちょっとした言い回しや表情は自然と移る。それだけで十分だ、って」


一朝の落語は寄席の流れを壊さない。鈴本演芸場の席亭(オーナー)である鈴木敦が言う。

「一朝師匠がいなかったら、今の寄席は回らないでしょうね。寄席からすると、どこの出番でも絶対に仕事をしてくれる人というのが、いちばんありがたい存在なんです。ちょっと前で言うと、(柳家)喜多八師匠もそうでしたね。今でもよく思うんですよ。そこそこいいメンバーが集まって、あと、ここに喜多八師匠がいたら完璧なのにな、って。ひと昔前だと(古今亭)右朝《うちょう》師匠もそうでした。右朝師匠が亡くなったときのダメージは本当に大きかったですね」

喜多八も、右朝も、おそらくは落語ファンでなければ、名前すら聞いたことがないだろう。

だが、寄席からすれば、誰もが知っているような人気落語家以上に掛け替えのない存在だったのだ。
どこの出番でも仕事ができる。寄席芸人にとっては最高の褒め言葉かもしれない。

一之輔「寄席はトリよりも間に入るときの方が緊張しますよね。昼の早い時間帯、頭の方は本当に難しいんですよ。僕きっかけでお客さんに火つけなきゃなっていう順番でもありますから。なので、今も若手ですけど、もっと若いときに戻ったぐらいの感じで、とにかく声を出すようにしています。よく楽屋で『客、起きてる?』とか聞くんですよ。『ちょっと笑ってきてます』って言うと、『起きてきたかな』みたいなね。浅草（演芸ホール）なんかだと、客を起こすのに、よく『真田小僧《さなだこぞう》』をやりますね」

『真田小僧』は『初天神』の金坊を彷彿《ほうふつ》とさせるようなこまっしゃくれた子どもが出てくる噺で、一之輔の中では鉄板ネタのうちの一つだ。斜に構えていて、口が悪く、でも、目端が利く。そんな生意気なんだけど賢いところがあって気も利く子どもの役がハマるのは、一之輔自身がそういう資質を内包しているからだ。落語の世界では「ニンに合う」という言い方をすることがある。その人のキャラクターに合っているという意味だ。ませているんだけど、どこかピュアな子どもの役は、一之輔のニンに合っている。

一之輔「中入り（休憩）前の出番のときは二十分ぐらい時間をもらえるので、だいたいいつも通りかな。フラットな感じで臨める。トリの前は膝っていうんですけど、膝の前、つまりひざ前に上がるときもちょっと心構えが違いますね（膝はたいてい、紙切りなどの色物が入って場をリセットする）。ひざ前は、短くてもいいんですよ。トリにいっぱい時間を残した方がいいんで。もちろんウケた方がいいんですけど、ウケるよりもきれいにつなぐことの方が大事。悪目立ちはしないよう変なマクラも振らない。雰囲気ができ上がっていたら、マクラも振らずにいきなり落語に入っちゃってもいい。トリの芸風でも変わってきますよね。漫談で三十分、どっかんどっかん笑わせるような師匠だったら、十二分ぐらいできっちり古典をやるのがいいだろうし、逆にさん喬師匠や（柳家）権太楼師匠みたいに古典をピシッと聴かせるような師匠だったら、ちょっと崩したような落語でもいいのかなとも思うし。そこはバランスなんですよね。寄席においては、トリの人以外は塁に出ること、あるいはランナーを先に進めるのが仕事なんで。あんまり自分の色を出し過ぎない方がいい。というか、出し過ぎるのがちょっと怖いというのもありますね。寄席は、自分目当ての客ばっかりじゃないですから。『みんなおめえのこと好きなわけじゃねえぞ』っていう空気を感じるときがある。そういうときは、やってもここまでだろ、みたいなね」

ちなみに「ごくらくらくご」によれば、一之輔の落語協会における寄席顔付けランキングは二〇一七年と二〇一八年は一朝に次ぐ二位で、二〇一九年は一つ順位を落としたものの三位、二〇二〇年でも四位だった。

これだけの売れっ子で、これだけの寄席顔付け率を誇る芸人は過去も現在もそうはいまい。独演会を開いて客を呼べるのなら、そっちの方がはるかに実入りはいいからだ。ギャラの「0」の数は、一つどころか二つ違ってもおかしくない。一之輔の尋常ならぬ寄席への偏愛ぶりが伝わってくる。

鈴本演芸場の鈴木敦が話す。

「売れてくると、寄席の出番は入れにくくなってくるもんなんですよ。中には、トリのときだけは出ますよという人もいるくらいで。一之輔師匠も、あるとき一芝居休みますみたいなことが増えてきた。やっぱり、そうなるよな、と。でも、いい意味で、裏切ってくれましたね。たとえば『十日間は無理だけど、交互出演（交互に出演する）だったら出られます』とか。つまり、二人とか三人の組み合わせ出演にしてくれれば……という意思表示をしてくれるようになったんです。それで、この人は寄席に出続けたい人なんだな、ということがわかった。以前、何かの企画で一之輔師匠が『将来の夢は？』って聞かれたときに『寄席の早い時間に一席だけやって、あとは家帰って酒を飲むみたいな生活がしたい』って答えてましたから。テレビとかにいっぱい出てお金を稼ごうっていう欲はそんなにないけど、寄席には出ていたいっていう欲のある方なんですよ」

寄席には、出欠席に関するこんな暗黙の了解事項が存在するそうだ。

一之輔「僕らは出席は『勝ち』で、休みは『負け』という言い方をすることがあるんです。トリは基本、全勝じゃなきゃダメ。なので、僕がトリをとるときは、一年前から日程を押さえられています。トリじゃなければ、三敗までは許される。あと、時間変更はオーケーなんですよ。この日だけ、もうちょっと早い時間に上げてもらえませんか、とか。そうやって、七勝以上いけるところを事前に落語協会に伝えておくわけです。『交互出演で五日間だったら行けます』みたいなときもあって、勝手なことを言ってるんですけど、ありがたいことにそれでも出て欲しいって言ってくれるところもありますから」

現在の一之輔は年六回、寄席のトリを務めている。これは全落語家の中でトップの回数だ。内訳は新宿末廣亭と浅草演芸ホールと池袋演芸場で一回ずつ、鈴本演芸場にいたっては三回もある。

いずれの寄席も通常は一芝居につき、昼と夜で二人のトリがいる。したがって、ひと月六人、年間で七二人しかトリとして起用できない。そのため寄席の席亭は通常、なるべく多くの真打にトリが回るよう配慮するものだ。ただし、鈴本演芸場の場合は落語芸術協会所属の落語家は出演しないため、必然的に落語協会所属で客が呼べる落語家への依存度が高くなる。とは言っても年三回、同じ落語家にトリを任せるというのは異例だと言っていいだろう。

席亭の鈴木が説明する。

「今で言うと、うちで三回トリをとってもらっているのは一之輔師匠と（柳家）喬太郎師匠ぐらいですね。他の芸人さんにはちょっと悪いですけど、彼らが出ればお客さんはいらっしゃいますし、今は彼らで寄席が成り立っているという面もある。芸人さんの側からしたら、均等に使ってもらいたいところだと思うのですが、彼らなら三回トリを任せても『そうだよな』と納得してもらえると思います。私たちは一月一日から十日の初席と、十一日から二十日の二之席のお正月公演をいちばん大事にしていて、そこでの顔付けは、今年一年、寄席の顔はこれでいきますよとお客様に意思表示するためのものでもあるんです。なので二之席の昼と夜は若手の二人、一之輔師匠と喬太郎師匠にトリをとってもらうようにしています。一之輔師匠は落語の世界では、まだ、若手ですから。喬太郎師匠はやっと中堅と呼ばれるようになってきましたけど」

真打に昇進した落語家たちは、ひとまず、各寄席のトリを務めることが目標となる。真打披露興行のときのトリは、いわば祝儀だ。実力でトリの座を獲得したとき初めて新・真打としての第一歩を踏み出したことになると言ってもいいかもしれない。

現在、四つの定席《じょうせき》に出演できる落語協会、落語芸術協会に所属している落語家は約四五〇人いて、そのうち、トリを務めることができる真打は三〇〇人強いる。実力ではなく年数で自動的に真打に昇進できる落語の世界は、全体の六、七割が真打なのだ。一之輔ら実力者は複数の場所でトリをとるので、お披露目興行以来、一度もトリを務めたことがないという真打はじつは割とたくさんいる。

寄席をメインとした売れっ子落語家は、とにかく忙しい。彼・彼女たちにとって落語をしゃべるのは決して特別なことではない。日常だ。一日二件、三件と掛け持ちするのは当たり前で、その合間を縫ってラジオやテレビにも顔を出す。
近年、連続ドラマに出演する落語家も目立つようになってきた。一之輔もドラマ出演のオファーが来たことがあるそうだ。しかし、長期間拘束されてしまう仕事は組み込みようがないのだという。

一之輔「案外、オファーはあるんです。ほら、何だっけ。日曜劇場か、TBSの。あの枠って落語家を使いたがるじゃないですか。（立川）談春師匠（『ルーズヴェルト・ゲーム』）も出ているし、（春風亭）昇太師匠（『小さな巨人』）も出ている。あそこからオファーみたいなのもありました。でも『来月のこの日から四日間、空いてますか？』とか言われる。空いてねえよ、って。そんな暇じゃねえから。『再来週の……』みたいなのもあったな。無理、無理。あれはさすがに急過ぎた。ドラマどころか普通のバラエティーだって、寄席に出てたら出られないですよ。一日、二、三カ所回るっていうのは普通にありますからね。お正月はもっと回ります。寄席の前後で違う落語会に行ったりもするので、五、六席みたいな日もあります。寄席の掛け持ちって楽しいんですよ。場所によって空気が違いますから。池袋と上野で同じ噺をやっても反応がぜんぜん違うし。それにね、寄席に重宝されるっつうのは、なんかいいじゃないですか。ささやかかもしれないですけど、落語家の一つの夢の形なんですよ」

寄席は落語家の最後の生息地

東京の落語家たちはおおむね仕事に関することはすべて自分でこなす。取材を受けるときも直接本人がやりとりするケースが大半だ。一般の芸能人のように芸能事務所に所属している落語家はごく少数派で、したがって担当マネージャーの類いも付いていない。

一之輔も最初のころはそうだったが、あるときから芸能事務所に籍を置くようになった。一之輔クラスともなると、さすがに個人で仕事をさばき切るのは無理があるのだ。以降、テレビ出演や取材の窓口は事務所の担当者に替わったが、落語のスケジュールに関しては今でも自分で管理している。芸能事務所の人間に寄席の価値を理解してもらうことは限りなく困難だからだと言う。

一之輔「よその世界の人からすると、理解できないでしょうね。『寄席って、こんなにたくさん入れなきゃいけないんですか？』と聞かれてしまう。収入的に。寄席ではギャラのことを

『割り』って呼ぶんですけど、入場料の半分を寄席が取って、残りの半分を出演者で割るんです。だから、割り。均等ではないです。キャリアに応じて持ち点があって、その点数に応じて配分されます。二ツ目の持ち点は一律で、真打になると点数が上がる。真打の点数は抜擢（真打）だったり、（名跡《みょうせき》を）襲名すると、高くなったりするというルールがあるみたい。互いに持ち点がいくつかは知らないんです。ケンカのもとになるんで。知ってんのは席亭と協会の事務員さんだけ。客の入りが悪いと、僕なんかは三〇〇〇円もいかないことがある。ぱらぱらくらいだと、一〇〇〇円ちょっとということもあります。飯食ったらおしまい。交通費を考えたら赤字です。前座の方が多くもらっているとき、普通にありますから。前座とお囃子さんは割りじゃなくて定給《じょうきゅう》って言って、固定給なんです。前座のトップは立前座《たてぜんざ》って呼ぶんですけど、一日一七〇〇円だったかな。だから、落語家たちは基本的に寄席で稼ごうとは考えていない。寄席だけでは生きていけないので」

　寄席という場所は、言ってしまえば、資本主義社会の原理の外にある。寄席は興行であると同時に、育成の場でもある。もっと言えば、落語家という特異な職業人が存続するための最後の生息地と言ってもいいのかもしれない。

落語家はよく「寄席はなくてもなくてもいい商売」と自虐的に言う。「あってもなくても」ではなく「なくてもなくても」なのだと。

一之輔「いろんな人がネタでね、言いますよね。そりゃそうなんだけど、照れ、照れ。頭をかきながら言ってるんですよ。昔から。本当はそんなこと思っちゃいない。好きでなったんだから。なくなっちゃったら困るわけで。そう言ったら、客は客で、優越感で笑ってくれる場合もありますしね。何つうのかな、寄席は偉いんですよ。どう考えても。『もう俺たち、寄席やめるわ』って言われちゃったら、それっきりだから。寄席の立場からすりゃ『使ってやってる』、僕らは『出してもらってる』という関係です。だからといって、へーこらする必要はないと思うんだけど、そういう意識はあります。まだ若いんで。捨てられるときは捨てられますからね。そこは厳しいですよ。極端な話を言えば、顔付けって席亭の好みですから。寄席って席亭の個性がものすごく出るんですよ。『満遍なく出しますよ』というところもあるし、『俺好みの芸人で行くよ』というとこもあるし、『俺と酒の付き合いをする人を優先する』みたいなのもある。どこと言いませんけど。そんなんでも顔付けされると嬉しい。ああ、入れてもらえた、ってなる。なんかタチの悪い女に引っかかっちゃったようなところがあるんですよ。嫌いだったら出ませんからね」

自分目当てではない客の前で落語をやりたいのだと、一之輔はよく話す。

一之輔「独演会ばっかりやってると、僕はダメなんです。僕目当てのファンばかりなので、飽きてくる。僕は高座に上がるときはメガネを外すので、（お客さんの）顔は最前列ぐらいしか見えてない。でも、雰囲気でわかる。この人たち、また来てるよ、って。ありがたい話だし、それに甘えてやっちゃう場合もあるんだけど、それだけだと自分がダレてくるんですよ。何つうのかな、僕はお客さんをあんまり信じてないので。向こうも信用してないかもしれませんけど。そういうときは寄席で一回、リセットしたいんです。寄席でしゃべるのって、独演会とはまるで違うんです。心構えが。独演会がホームだとしたら、寄席は完全にアウェー。僕がトリのときは僕目当てのお客さんが多いけど、そうじゃないときは僕目当てじゃないお客さんもたくさんいる。僕の落語をまったく聴いたことがないという人の前でやりたいんですよ。寄席は初心者と常連が半々ぐらいというケースがいちばん難しいんです。どちらかに寄っていた方がやりようはある。お客さんの層がこじれちゃってると、常連は笑ってるのに初心者が『なんで笑ってるの?』って空気を出す場合があるんです。そうすると、そっちに引っ張られて、だんだん笑わなくなってきたりする。悪い常連というか『ちょっとしたことじゃ笑わないよ』というスタンスの客がいると、初心者の人たちは笑ってるのにやっぱり空気が笑わない方に引っ張られちゃったりもする。楽屋内では『妙な混ざり具合ですね』みたいな言い方をする。それでも、かみ合うときもあるんですけどね」

——どういう客が、どれくらいの配分でいるかというのは、どうやって見極めるのですか?

一之輔「前座に聞いたりするんだけど、当てにならないことも多いからな。『よく笑います』つって、ぜんぜん笑ってなかったり。僕は袖からちょっと見たりします。いちばん参考になるのは色物のときかな。たとえば紙切りの場合、最初は注文を受けずに定番の『藤娘』や『宝船』を試し切りするじゃないですか。そこでわーっと歓声が上がると『あんまり寄席に来ないお客さんなんだな』っていうのがわかる。常連だといつも観ているので、そこまで盛り上がらないですから。落語だったら、どこのくすぐりに、どれくらい反応しているかでもわかりますね。ダジャレみたいなので笑うときは、陽気で、ちょっと年齢層は高めかな、とか。そういうのに一切反応しないで、ちょっと気の利いたくすぐりで笑うときは常連さんが多いんだな、と。つまんないことですけど、『代脈』って噺があるでしょ? ちょっと適当な感じのお医者さんが患者さんの口の中を診ながら『鼻の頭、舐《な》められますか?』って聞くんです。『舐められない? あそこで猫は舐めてますけど。ああ、無理しなくていいです。薬の方で調合しときます』って。僕は、そのセリフが好きなんです。調合すれば舐められんのかよ、っていう話じゃないですか。それは言わないんですけど。そこで笑ってくれると、今日は本当にいいお客さんだなって思いますね」

寄席は独演会のようにいつも満員というわけではない。いや、むしろ空席が目立つ日の方が多い。客が少ないと人目を気にするせいか、笑い声もどうしても控えめになりがちだ。

一之輔「僕は極端なのも好きですよ。ガラガラで誰も笑わねえ、っていう。好きっていうか、それが寄席本来の姿のような気もするし。それじゃあ困るんだけど、いつでもふらっと入って座れるっていうね。満員であることが爆笑の最低条件なんで、逆のことを言ってるんですけどね。でも、ずっと爆笑じゃなくてもいいんですよ。僕も客だったときはガラガラの方が好きだったりしましたから。贅沢じゃないですか。客が入らないのに三百六十五日、営業している場所って。客が入ればいいってもんでもない。ひねくれ者だから。そういう意味で、寄席は稽古の場というか、修行の場でもあるわけですよ」

――上方落語を復興させた桂米朝さんのことを、どなたかが指揮者のようだと評していたことがあるんです。米朝さんの言葉、動きに応じて、お客さんが同じように笑ったり、泣いたりする、と。それは理想的な落語と言っていいのでしょうか。

一之輔「理想だけど、常にそれができちゃったら、おもしろくないんじゃないかな。どうやってもウケる状態って、ストレスですよ。もちろんプレーヤーとしては笑ってもらいたいんですけどね。矛盾してること言ってるんですよ。小屋が震えるくらいの笑いがくるとね、『まずいな、これ』っての、あるんですよ。一種の麻薬みたいなもんでね。やめられなくなるな、って。常にそれを求めてしまうと、疲れちゃう。バランスとして、たまには笑いどころのない噺をじっくりしゃべるのもいいのかなって思うんです。まるでウケないという日もあっていい。米朝師匠とかはそういうこと、してたんじゃないかな。そこまで爆笑を取れるなら、すかすことだって余裕でできますよ。ここは笑わせないよ、とか。間を詰めて、声の張り方を変えたりしてね。自在ですよ。僕は万能感みたいの、いらないな。理想かもしれないけど、つまんねえなって思っちゃいます」

――落語家が浅草演芸ホールのやりにくさをよく口にしていますよね。大手全国紙がタダ券をばらまいていたり、浅草観光の団体客が多いから、とにかく客の質が悪いと。そのあたりは実際のところ、どうなのでしょうか。

一之輔「やりにくいというか、普通の客なんですよ。そこらへんの普通の日本人。特に落語に詳しいわけでもなく、『寄席って、どんなとこなんだろう?』と来る人たち。だから『浅草はすごく好き。やりやすいよ』っていう落語家もいると思います。前座でもウケたりしますから。前座って、常連は笑ってないですけど、初心者にはウケるんですよ。ネタとして浅草の客は『途中で平気でトイレに行く』とか『しょっちゅう携帯が鳴る』とか『空き缶をすぐ蹴っ飛ばす』みたいなことを言いますけど、最近はさすがにそこまでひどい客はいない。いかにも昔の寄席っていう感じなんです。僕は嫌いじゃないですよ。でも、初めての人が多いところだから、笑わせなきゃいけないところだとは思います。客の少ない浅草演芸ホールでガンガン笑わせる力がある人は、どこ行っても怖くないんじゃないかな。どこでもウケる。三遊亭白鳥《はくちょう》師匠なんか、そうですよね。どこで何をやっても力ずくで笑わせられる方ですから」

――一之輔さんはそうして鷹揚《おうよう》にとらえていますけど、中には、だから寄席の客は嫌なんだよという人もいます。それでだんだん寄席との距離を置くようになる。正直、嫌になることもあるのではないですか？

一之輔「まあ、それはありますよ。噺の途中で平気で前を横切っていったりとか。携帯に出ちゃう人とかいるからね。で、普通にしゃべっちゃう。気にしない方がいいっちゃいいんですよ。無視した方が。あと、オチを言っちゃう人とかもいるんだよな。隣の人に。そういうのはだいたい年配の人が多いですね。うーん、やっぱり浅草が多いかな、そういう客は。でも、程度はありますけど、だからこっちも気楽にできるみたいなところもあるじゃないですか。そもそも寄席って、そんなにガチガチにね、一生懸命に落語を聴かなきゃいけないところでもないですから。そこがいいとも言えるわけで」

「捨て耳」という修行

三遊亭兼好《けんこう》がインタビューで、タレントや役者より前座の終わりぐらいの人の方が落語はうまいというニュアンスの話をしていたことがある。

落語協会および落語芸術協会に属さない独立系一門は二つある。一つが立川談志によって創設された立川流で、もう一つが圓楽党（五代目圓楽一門会）だ。三遊亭兼好は、その圓楽党のエースと呼ばれる存在でもある。

三遊亭兼好は、映画やドラマで「あの役者の落語はうまい」と評判になることがあるが、それよりも前座修行を数年やったくらいの落語家の方がはるかに落語になっているということを言いたかったのだ。

一之輔「役者さんがやると、演じ過ぎちゃうんですよね。胃にもたれちゃうというか。もっと軽くやれば、もっと楽に聴けるのにって思うことが多いんです。落語は一人で何人も演じますからね。すべてのキャラクターをガチガチに作り込むのは不可能なんです。だから、役に入り込み過ぎたらダメだとよく言われます。役によって声を変える必要もない。声は一緒でいいんです。『ちょいとおまえさん』『おまえさん、何やってんだい』ってのも、女の人のつもりで言えばいいだけ。おしゃべりだから、基本」

——落語家はおしゃべりだ、という意味ですか？

一之輔「違う、違う」

——一之輔さんがおしゃべり？

一之輔「違う、違う。落語って、しゃべるだけでしょ。演技というより、おしゃべりの延長なんですよ。落語って基本、テンポが速いでしょ？　聞いて答えるまでの間がない。『こんちは、隠居さんいますか』『おお、誰かと思ったら八っつぁんかい』って。普通の会話じゃありえないテンポ。普通は『こんちは。隠居さんいますか』『（間を置いて、ゆっくりと）ん？　おお、八っつぁんかい』という感じ。落語って、間を極端に省いてるんですよ。でも、一人語りだから聴けちゃうんです。おしゃべり、お話なんです」

やっと意味がわかった。落語とは、おしゃべり。確かに、そうだ。

昨日さ、近所の魚屋さんに行ったら、おもしろいおじさんがいてね。俺がイナダをくださいって言ったらさ……と、おじさんとのやりとりを人に聞かせるとき、必要以上に感情を入れてしゃべったり、声音を変えたりまではしない。そんなことをしてもまどろっこしくなるだけだ。落語も原則、声の質を大きく変えることはしない。たとえば女性役だからといって、甲高い声を出したりすることもない。

ただ、私もそのことに気づいたのはだいぶあとになってからのことだ。というのも落語家は、まるで声質を変えているかのように役を演じわけるテクニックを身につけているからだ。話者が変わるたびに顔の向きを変える。あるいは女性が話しているときは手先の仕草や抑揚が艶《なまめ》かしくなる。それによって、聴いている方は、あたかも声音を変えてしゃべっているかのごとく錯覚してしまうのだ。

ただし、例外もいた。

一之輔「三代目の（三遊亭）金馬《きんば》師匠なんてのは、明らかに変えていました。声音を変えるってほどでもないんですけどね。それで売れたんです。ラジオの全国放送で。粋な芸ではないけど、落語を聴いたことない人にもわかりやすい。ラジオの場合、所作や表情で違いを出すことができないので、声を変えちゃった方が誰が誰だか明確になるんですよ。一人芝居っちゃ一人芝居みたいな感じで。本寸法の芸ではないということで不当に評価が低いんですけど、なかなかできないですよ。あれも技術なんです」

芝居はたっぷり間を取って、情感を込め、ゆっくりしゃべる。一方、落語はテンポよく矢継ぎ早に畳みかける。トントン、トントンいく。大事なのはテンポであり、リズムなのだ。おそらく日常生活で、そんなに速くしゃべる人はいない。それでも違和感がないのは、客が頭の中で無意識のうちに通常モードの会話ペースに変換しているからだ。

この落語特有の「おしゃべり」を身体に染み込ませる場所が、寄席という空間でもあるのだ。

一之輔「落語協会と落語芸術協会の前座は、ほぼ三百六十五日、どこかの寄席の楽屋で働いています。一日とか、半日とか。で、四時間から八時間ぐらい、ずっと落語が耳に入ってきている状態にある。前座のナンバー2になると、太鼓番といって、太鼓を叩く役目を任されるんです。太鼓部屋にいると、噺をよく聴けるんですよ。たいてい、何かをやりながらなので集中して聴けないんですけど、嫌でも耳には入ってくる。そういうのを〝捨て耳〟っていうんですけどね。それがすごく大事なんです。入門したばっかりのとき『なんじゃ、これ？』みたいなやつでも、二ツ目に上がるくらいになると、ちゃんと落語になってくる。それは捨て耳のお陰だと思うんです。だから、噺家にとって、寄席はすごく大事な場所なんです。寄席の楽屋がなくなると、噺家が育たなくなる。着物もそうなんですよ。毎日、何時間も着物を着て、畳の上で立ったり座ったりしていると、三カ月もすれば着物が板についてくる。そういうのを芸人の形になるっていうのかな。だから、あんまり、こういう言い方をするのは嫌なんですけど、寄席に出られない一門の子は、やっぱり、なんか落語じゃないんですよ。ただ、しゃべってるだけのように感じられてしまうときがある。しょうがないんだけどね。組織上のことだから」

定席と呼ばれる定期開催の場を持つ一門の落語と、そうではない一門の落語のもっとも大きな違いはテンポだ。弟子の与いちは言う。

「落語協会の落語と、立川流の落語とかは、名前を伏せて聴いても、なんとなくわかると思います。やっぱり育つ環境がぜんぜん違うんで、落語もぜんぜん違うんです」

落語協会の落語はメロディー、立川流の落語は芝居。もちろん、良し悪しではないが、ひとまずそう言ってもいいかもしれない。

一之輔「おそらく立川流のお弟子さんたちが生で落語を聴く機会は、基本的には師匠が出ている会ぐらいしかないんじゃないかな。他の師匠の落語はテープとかCDでしょう。でもね、すぐそこでしゃべっている生の声と、機械から伝わってくる音では根本的に違いますから。もちろん、寄席はおもしろい人ばっかりじゃないですよ。下手な人もいる。でも、そういういろんなタイプの噺家が客に向かってやっている生きた落語を常に浴び続けることで、落語家の身体ができてくるんですよ。落語になってくる。ただね、立川流の噺家さんでも志を持ち続け、自分を高めていくことができれば突き抜けますよ」

立川流は談志以降、「突き抜けた」落語家を三人、世に送り出している。

立川流創設の年に入門した志の輔、翌一九八四年に入門した談春、さらにその翌八五年に入門した志らくだ。

創設から三年連続で、これだけの才能が次々と入門してきたというのはほとんど奇跡と言っていいかもしれない。おそらくこの三人がいなかったら、現代の落語はここまで間口の広いエンターテインメントになっていなかったはずだ。

劇っぽくなってきた落語

志の輔、談春、志らくの三人の最大の功績は、これまで落語を知らなかった人たちを振り向かせたことにある。

志の輔は「志の輔落語」という新作落語の世界を確立し、落語は聴かないけど志の輔は聴くという固定ファンを獲得した。志の輔は、独自の解釈を加えた古典も得意とし、こちらの評価も高い。「もっともチケットが取れない落語家」というキャッチフレーズをしばしば耳にするが、それを言うならば志の輔のことだろう。チケットの入手が難しい落語家は何人か思い浮かぶが、体感として、志の輔の取りにくさは頭一つ抜けている。

談春は基本的に古典一筋で、客の心を激しく揺さぶるエモーショナルな落語を得意とする。志らくは「シネマ落語」という『ローマの休日』や『E.T.』の設定を古典落語に落とし込むという斬新な切り口の落語を創作するなどし、やはり新規ファンを開拓した。また、志らくは古典も何でも器用にこなし、談志の匂いをもっとも色濃く継いでいる。三人の中では、もっとも寄席芸人に近い雰囲気を持っていると言ってもいいかもしれない。

彼ら三人はこれまでの落語のイメージをそれぞれが、それぞれのやり方で覆した。落語というよりは、まさに志の輔落語であり、談春落語であり、志らく落語なのだ。
　寄席に出ない落語家たちは成長曲線に比例し、会場がどんどん大きくなっていく傾向がある。また、志の輔と談春に顕著だが、彼らの古典落語は長く、情感たっぷりに演じるのが特徴だ。笑いも涙も搾り取るように。

一之輔「立川流は大きい小屋でやることが多いので、お客さんの心をつかむには、そういうやり方じゃないとダメなんだと思います。だから、反対に僕らの協会の上の方の師匠は、寄席だとすごくいいけど、ホールのような大きいキャパでやると物足りないなとか、今ひとつ伝わってこないんだよなということはいくらでもある。今の若手はどうなんだろうな。大きいところで通用するやり方をしている子の方が多いような気がするな。一方で、訥々《とつとつ》と、キャパの小さな会場で映えるようなやり方を通している子もいたりして。それはそれでいいと思うんですよね。落語は、もともとお座敷芸ですから。寄席ぐらいのキャパの方が、僕もやりやすいんですよ。広いよりは狭い方がいい。多くても五〇〇キャパぐらいまでかな。なので、一〇〇〇人規模の会場になったら、やり方をちょっと変えますね。少し動きを大きくしてみたり。といっても、変えるというほどでもないかな。落語を聴く条件として密であるってことはすごく大事なんですよ。笑いにつながりやすい」

落語の会場は笑いが起きやすいよう、通常、明るくするのが一般的だ。しかし、志の輔も談春も、落語が始まるとだいたい場内を暗くする。客が噺に入り込みやすくするための仕掛けだ。落語はバカバカしくて笑える「滑稽噺（落とし噺）」と、ホロリとさせる「人情噺」に大別されるが、通常は、後者のときに照明を落とすケースがときどきある程度だ。なので、中入りを挟んで場内が暗くなると、後半はじっくりと聴かせる噺が始まるのだなというのがわかる。一之輔の独演会のときも、そういうケースがままある。

一之輔「会場にもよるんだけど、ある程度、お客さんに集中してもらいたいし、自分も集中したいなってときに（照明を）落としてもらうときはありますね。人情噺をネタ下ろしするときとか。真っ暗にして、高座の一点に集中してもらう。明るいと、どうしても注意が散漫になるので。でも、基本、明るい方がやりやすいですね。暗いと、お客さんが落ち着いちゃうので。やっぱり、明るい方が笑いは起きやすいと思います。あと、他の人の場合はいいけど、自分が照明を落とすと、気取ってんじゃねえよ、って思っちゃう。それほどのもんじゃねえだろ、って。はははははは」

まつもと市民芸術館の大ホールで志の輔の『抜《ぬ》け雀《すずめ》』を聴いたことがある。ある伝説の絵師によって描かれた本物さながらの雀が、あろうことか衝立《ついたて》の中から抜け出し、飛翔するという人情噺だ。

志の輔は物語のクライマックスに差しかかると、これでもかというほどたっぷり間を取り、これでもかというほど抒情《じょじょう》豊かに雀が抜け出るシーンを描写してみせる。大ホールのキャパは一八〇〇人なのだが、その一八〇〇人が水を打ったように静まり返り、志の輔の言葉をひと言も聞き漏らすまいと集中していた。一八〇〇人の静寂は圧倒的だった。

落語家の「耐用キャパ」という言い方があるとしたら、現役落語家の中において、志の輔は随一である。落語とはじつにシンプルなエンターテインメントだ。たった一人で、しかも着座した状態で、照明や音響も最小限にとどめ、語りだけで客の関心をつなぎ止めなければならない。そんなか弱い演芸で、一八〇〇人もの人間の心をこれだけ自在に操ることのできる落語家は、そうはいない。

そういう意味では、談春も負けてはいない。談春のホームグラウンドの一つに大阪のフェスティバルホールがある。談春がここで独演会を開催するのは、今では年末の恒例行事となっている。世界的な音楽ホールでもある同施設は三階席まであり、総座席数は二七〇〇を誇る。この二階席で『たちきり』という人情噺を聴いたことがある。サゲを言った瞬間、あちらこちらから客のすすり泣く声が聞こえた。フェスティバルホールの二階席というのは本来、落語を聴くのに適した距離ではない。それでも談春の落語は客の心に食い込んでくるのだ。

彼らの影響もあるのだろう、昨今の落語界には、こんな潮流が生まれているという。桂宮治が話す。

「昇太師匠が言ってたんですけどね、落語も今は劇っぽくなってきた、って。芝居っぽくなってきている。昔はもっと淡々とトーンも変えずにやるのが主流だったんですけど、どんどんドラマチックにやるようになってきた。僕もそういうタイミングでこの世界に入ったので、そっちの方向で行こうかなみたいな感じがあったんです。ただ、一之輔兄さんは劇っぽくはないんだよな。またタイプがちょっと違うんです」

一、泣かせない人

人情噺に逃げるな

人情噺よりも、滑稽噺。こってりよりも、あっさり。落語の世界には、そんな美意識がある。柳家小三治がそうだったように、特に柳家の一門にその傾向は顕著だ。

小三治の弟子で、出世頭の三三が言う。

「あれ、何なんですかね。『人情噺やって逃げるな。滑稽噺で笑わせてこそだぞ』みたいなのがあるんだけど。うちの師匠もはっきり言ってましたね。『滑稽噺ができなくちゃいけない』って。僕は二ツ目のころは、筋のある、人情チックな噺の方がお客さんの支持を得ていた気がするんです。だから『自分は落とし噺(滑稽噺)ができない』という苦手意識があって、無理矢理そっちにシフトした時期もありました。そういう揺れを繰り返して、今はどっちでもよくなっちゃったという感じ。人情噺が優れているとか、滑稽噺こそが本物だとかっていうのは、どうでもいいんですよ。どっちも落語なんだから」

一之輔の落語を聴いていると、この人はよっぽど泣かせることが嫌なのだなと思うことがある。人情噺の聴かせどころ、泣かせどころに差しかかると、意図的にあっさりと切り上げているように映るのだ。

たとえば、『妾馬《めかうま》』。八五郎の妹・お鶴は、近所で評判の器量よしだった。お鶴はある日、お殿様に見初められ、やがて側室となる。そして、待望の世継ぎとなる男の子を出産した。お殿様はお鶴の家族に礼をしたいと、兄の八五郎を屋敷に招待する。妹思いで、人のいい八五郎は、慣れない席に緊張し、べろんべろんに酔っ払ってしまう。最後、美しくなった妹への思いを吐露する場面は、この噺のクライマックスであり、泣かせどころでもある。だが、一之輔は、このシーンをさらりとやる。

一之輔「あそこは、あっさりやろうかなと思ってますね。不満な人もいるでしょうけど。確かに、泣かせてくれよ、っていう人もいると思います。でも僕は泣かす手前で、陽気なまま、ぱーっと駆け抜けた方がいいかな、と。じめっとするよりは。この噺はうちの師匠に教わったんですけど、そんな感じだったんですよ。師匠は、志ん朝師匠から教わってるんですけど、志ん朝師匠もそうでしたね。しんみりとしてくるところは短めに切り上げて、（八五郎に）都々逸《どどいつ》を歌わせている」

人情噺の大ネタの一つに『中村仲蔵《なかぞう》』がある。売れない歌舞伎役者がひょんなきっかけで大出世する物語だ。『中村仲蔵』も人によっては、これでもかというほど力を入れ、どこまでも引き延ばし、とことん聴かせるネタだ。笑いは、ほぼない。志の輔の『中村仲蔵』は、たっぷり一時間ぐらいかかる。聴き終えたときは恍惚《こうこつ》としたものだ。そこへ行くと、一之輔の『中村仲蔵』はあっさりとし過ぎていて、正直、物足りなく感じてしまう。

一之輔「あれも型としては二つあって、三遊亭の型だと割とこってりしてるんです。仲蔵が売れない時代に嫌がらせを受けたとか、苦労話なんかも挟むんで。でも、僕の大師匠の師匠、先代の林家正蔵（のちの林家彦六）の形はあっさりしてます。二十分か、二十五分くらいで終わっちゃう噺。僕はそっちの方がいいかな、って。客前では、まだ三回ぐらいしかやってない。とりあえず覚えたってだけで、今のところ、仲蔵への思い入れは一切ないですね」

そして、今や人情噺の代表格のように語られることもある『芝浜』に関しても、そこまで思い入れがあるようには見えない。

『芝浜』は酒に溺れて借金まみれになった魚屋の亭主が、女房の一つの嘘によって改心させられる噺だ。大晦日《おおみそか》の夜が物語のクライマックスとなるため、落語の世界では年末定番の大ネタになっている。あの談志も晩年、年末の恒例となっていた独演会で必ずと言っていいほどこの『芝浜』をかけた。

一之輔「芝浜はやっても年に二、三回ですかね。年末に『芝浜』をやると、お客さんも『来た！』って前のめりになるでしょう。その感じが嫌なんです。期待されると、裏切りたくなる。根が意地悪なんで。気持ちはわかるんですよ。でも、それほどの噺なのかなという気もして。少なくとも、号泣するような噺ではないと思っています。けっこう間抜けな噺ですからね。お金を拾って、それを夢だったんだよって思い込まされちゃうわけでしょう。（桃月庵《とうげつあん》）白酒《はくしゅ》兄さんの『芝浜』なんかは、爆笑ものですもんね。僕も泣かすのはなぁ……って思いますね。しんみりせずに、カラッと終わる方がいいな」

泣かせる側に落っこちてしまうことが怖い

人は嘘で泣けるが、嘘で笑うことはなかなかできない。それだけ笑うときの方が感情の純度が高いのだとも言える。だから、芸人たちは人を笑わせるために七転八倒するのだ。

一之輔「笑わせる方が大変だと思いますよ。どう考えても。もともと柳家っていう大きな流派は、滑稽噺を得意としてきた一門なんですよね。今はそこまで色がはっきりしていないですけど。そういう軽みみたいなのにはすごく憧れますね。羨ましい。今で言うと誰だろうな。柳家ではないですけど、滑稽噺のときの（隅田川《すみだがわ》）馬石《ばせき》兄さんの軽さとか。重々しくっていうのは誰でもできるんですけど、わざとらしくないけど軽いってのは、なかなかできないんですよ」

隅田川馬石は、人としてのかわいらしさや調子のよさをぎゅっと丸めたような落語家である。師匠は人間国宝の五街道雲助《ごかいどうくもすけ》。雲助も、どんな悪人を演じたとしても、そこからとめどなく愛《あい》嬌《きょう》がにじみ出てしまうような落語家だ。その雲助の師匠は、金原亭馬生である。古今亭志ん生の長男だ。馬派と呼ばれる馬生らの一門の亭号は「隅田川」「五街道」「金原亭」と師弟関係にあっても別の名称を付けているケースが目立つ。ちなみに前述の桃月庵白酒も雲助の弟子である。

一之輔「先代の馬生一門の軽さみたいなのはね、すごいなあと思いますね。重々しい噺よりも、やっぱり軽い噺の方が魅力的。芸風って、受け継がれていくもんなんだなとつくづく思いますよね。落語だけじゃなく、生き方みたいなものも師匠から習うじゃないですか。習うというより、師匠のそばにいると、会話の中でこう言われたらこう返すとか、その人の息の仕方みたいなものが似てくるんだと思います。それが芸にも表れる。お父さんの志ん生師匠も酒飲みでしたけど、息子の馬生師匠も楽屋で必ずビールを飲んでいたそうです。小瓶つったかな。いや、二五〇（ミリリットル）の缶つったかな。それを出番前に半分飲んで、いい心持ちになって上がる。もちろん家でも起き抜けに飲んできてるんですよ。たぶん、日本酒でしょう。べろんべろんにはなっていなかったと思いますけど。で、降りたら残り半分のビールを飲み干して帰ったそうです。先代の馬生一門の人っつうのは、空気感がちょっと違うんですよ。この表現は正しいかわかんないけど、ケツの穴が緩んでるというかね。なんか、そういう感じがある。先代の馬生師匠の名言で『どうでもよくはないけど、何でもいい』っていうのがあるんです。たとえば登場人物の名前を間違えちゃうとかね。『何でもいいんだよ』つって。『どうでもよくはないけど、何でもいい』っていうのがね、いいじゃないですか」

単刀直入に聞いてみた。客を泣かせることが怖いのですか、と。

一之輔「怖いですね。自分がそっち側に落ちていくのが。やろうと思えばでき……いや、不遜な言い方ですけど、クサくやろうと思えばできちゃうので。人情噺って、麻薬みたいなところがあると思うんですよ。結果として、泣かせてしまうのはしょうがないんだけど、それで終わらせるのは嫌なんです。お客さんを引きずり込み過ぎるのもね……。まあ、照れもあるんでしょうね。照れるならやるなって話なんです。別に思いっきり引き込む人を揶揄《やゆ》しているわけではないんですよ。僕もいっそのことそっち側に転がってもいいかって思うときもあるんです。『鼠穴』とかは、そんな噺でもありますよね。好みの問題です。トリで人情噺をやるっていうのも、逃げとまでは言わないけど、安パイを放っちゃったなと思うときがある。最後は滑稽噺でドーンって終わるのが理想と言えば理想。それこそトリで『短命』とか。お客さんって素直なもので、噺が終わったとき、いいと拍手が長くなる。よくないと拍手がすーっとやむ。やっぱり滑稽噺をやって、幕が下りても拍手が続いているというのがいちばん嬉しいんですよね」

――幕が下りかけたところで立ち上がられたりすると悔しいものだそうですね。

一之輔「はいはい、わかります。家路を急ぐ人もいるので仕方ないんですけど、一人でもいるとね、ちょっと気になるかな。やっぱり幕が下り切るまで席に座ってくれていた方がホッとできますね。あとは（高座に）上がるときの拍手よりも終わったときの拍手が大きい方がいいって言いますよね。前座とかでもそう。前座なんて上がったときの拍手は小さいですから。でも、終わったとき大きな拍手をもらえていると、この子は満足してもらえたんだなって思える。おもしろかったかどうかの判断をするときに、拍手ってすごくわかりやすいんですよ」

――でも、エンターテインメントにおいて、クサさってとても大事ですよね。

一之輔「すごく大事です。クサいって、別に人情噺のときだけじゃないですからね。そこまでやって笑わせたいのかというクサさもありますから。『初天神』の金坊のこまっしゃくれた感じもね、クサいという人もいるかもしれない。ただ、仕事ですからね。お客さんがクサさを求めているんだったら、それに応じることも必要だと思うんですよ。志ん朝師匠の言葉でね、ちょっと卑猥《ひわい》な言い方だけど『客がイキたがってんなら、イカせてあげなきゃダメなんだ』というのがあってね。お金をもらってんだから、そこで手を緩めちゃったら申し訳ない、と。寄席だったら、出番順にもよりますけどね。まだ後ろに控えてるんだったら、ほどほどにしといた方がいい場合もありますから」

泣く一メートル手前までいく人情噺

そうは言っても近年の一之輔は、人情噺をやる機会がだいぶ増えてきた。一朝は弟子の変化をこう見ている。

「いや、みんなやりたくなるんですよ。人情噺とかもね。ましてやトリをとるときは、人情噺の方が（高座を）降りやすいでしょ？　滑稽噺をやって降りるよりは。人情噺の方が聴かせどころが多いですからね。あれもね、そのうち泣かせてやろうって考えるようになってくると思いますよ」

本人は、こう話す。

一之輔「人情噺って、やり込んでいくと照れがなくなってくるんですよ。お客さんの反応もわかってきますしね。ここで求められているのは笑いじゃないんだな、とか。『子別れ』なんかは、ちょっといいなっていう気にもなってきました。『子別れ』は、子どもが生まれてからやるようになったのかな。子を持つ年になるとわかることって、あるじゃないですか。年齢とともにやりたい噺というのも変化していきますよね。『芝浜』も、お涙ちょうだいみたいにするのは嫌だなと思ったけど、普通の夫婦に、ある日、ぽつっと起きた出来事の一つみたいにとらえて、ポンポン、ポンポンポン運んで、ちょっとホロッとさせるくらいならいいのかな、って思えてきましたね」

人情噺になればなるほど、素っ気なく演じているように見えてしまう一之輔だが、そんな彼にしては珍しく毎度、ストレートに感情が伝わってくる人情噺がある。

それは一之輔が「泣く手前、一メートルぐらいまでいくことがある」と話すネタ、『子別れ』と『藪入《やぶい》り』だ。

『子別れ』の主人公、熊五郎は大工の腕は確かだが、酒好きで、女好き。女房はそんな夫に愛想を尽かし、子どもの亀吉を連れて家を出ていってしまう。その後、大いに反省した熊五郎は、酒を絶ち、仕事と真剣に向き合うようになる。そんなある日、久しぶりに亀吉と偶然出会った。最終的に熊五郎と元女房はやり直すことになるのだが、亀吉は、そのラストシーンで二人の橋渡しという重要な役割を果たす。

一之輔「『子別れ』はやっていて、熊さんも、亀ちゃんも、おっかさんも感情を入れやすい気がしますね。亀ちゃんは僕の中では九つ。自分の子どもがその年齢に近づいてくればくるほど、子どもってこんなこと言うよねとか、こういう表情するよね、というのが浮かぶようになってきた。僕は外で歩きながら稽古するので、鏡を見て顔を作ったりはしないんですけど。客前でやってるときも、このセリフのときの亀ちゃんは、うちの子どものあの顔だなみたいなのがパッと浮かびます。こういう目で見てくるよな、って」

――『子別れ』は最後、鰻屋さんで三人で会い、もう一度やり直そうという空気になります。あのシーンはグッときますよね。熊さんが緊張しながらも場をつなごうと、しどろもどろになっているところとか。

一之輔「危険ゾーンは、あのあたりなんですよね。熊さんがおっかさんに謝るところ。いけねえ、いけねえ、ってなる。あそこは、めちゃめちゃ謝るようにしてるんですよ。『悪かった、悪かった』つってね。そうじゃないと、話が通らないと思って。完全に男目線の話だから、

（落語を）やりながら女性はどう思ってるんだろうなとかつい考えちゃうんです。だから、ちゃんと謝るところは、ちゃんと謝る。『俺が悪かった。勘弁してくれ』と。感情を入れ過ぎないように注意しつつ。最後も笑わせるところはちゃんと笑わせないと嫌なんですよ。そこはバランスを取りたい。ただ、だんだんクサくなってきている気もするな。二ツ目で、覚えたてでやってるときって、もっとあっさりしてたと思うんです。人情噺って、やればやるほどコツがつかめてくるんです。いいんだか、悪いんだか。悪い言い方をすると、ずるくなってくる。『この言葉をここで使えば落とせるな』みたいな。泣かすのは嫌なんですけどね。あんまり湿っぽくならないように……とは思いながらやってます。ギリギリのラインは保つように」

『藪入り』は商家に住み込みの奉公に出ていた息子の亀吉が正月、三年ぶりに里帰りを果たす噺である。

一之輔「『藪入り』の亀ちゃんは、一一歳か一二歳ぐらい。小学校五、六年って感じですかね。『子別れ』や『初天神』の子どもは陽気なんですけど、この噺に出てくる子どもは本当にしっかり者。この子は三年の奉公の間に本当に成長したんだな、ってお客さんに思って欲しい。そこを意識して、ちょっと落ち着いた感じでやっています。主人公は親ですけどね。『子別れ』も『藪入り』も」

明日、亀吉が久しぶりに帰ってくるという日の夜、父親は興奮してなかなか寝つけない。そして、かたわらの女房に、帰ってきたらあれを食わせたい、これを食わせたい、あそこへ連れていってやりたい、ここへ連れていってやりたいと、まるで小さな子どものように思いつくままに願望を口にする。一日でできるはずがないのに。不格好だけど、はち切れんばかりの父親の愛情。その発露が、この噺の聴かせどころの一つである。

この部分に差しかかったときの一之輔は、本名の川上隼一になっているように映る。つまり、一之輔の中の父親の部分が、実の子どもたちに語りかけているように感じられるのだ。

一之輔は、今ではすっかり大きくなった子どもに対し「何をしゃべっていいかわからなくなってきて。こっちが気ぃ遣って話しかけても会話は弾まないし。あぁ……」とぼやく。

『いちのすけのまくら』(朝日文庫、二〇二二年)という著書の解説は一之輔の長男、川上祥太郎君が書いている。その中にもこんな記述があった。

〈そもそも一之輔は、「陽気な人」ではない。（中略）たまに二人で食事に行くのだが、交わされる会話は「部活はどう？」と「テストはどう？」くらいしかない。あとは黙って蕎麦なりラーメンなりを啜《すす》る〉

一番弟子の㐂いちによる一之輔評は、こうだ。

「一之輔は全然フレンドリーなタイプじゃない。特に初対面の人とかだと、すごい構えてる。もう、武装していって、俺の領域に一歩でも入ったらかみつくぞみたいな感じのとこ、あるんですよ」

普段の一之輔は、臆病なまでに無色であろうとするタイプだ。落語家というと鰻屋のイメージがあるが、一之輔は「一人で鰻屋で飲むなんて、そんなオツなことをする人間じゃないです」と消え入りそうな声でつぶやく。また、「いくつか行き……行きつけとまでは言わないけど……」と「行きつけ」という言葉ですら使うことをためらうほどの自制心の持ち主だ。

一之輔「基本、一人で外で飲むということはないです。間が持たない。何か頼んで、それをパッと食べて、酒をガブガブ飲んでも、まだ三十分しか経ってねえのか……つって。外で飲むときは二人以上じゃないと嫌です。店の人と話したりしないんで。仕事の邪魔をしたら申し訳ないなとか思っちゃうじゃないですか。たまたま隣り合った人と話すとかいうのも嫌。嫌というか、できない。『どこからいらっしゃったんですか？』とか、そんなの、もうぜんぜん。すぐ気詰まりになっちゃう。タクシーの運転手さんとかとも話さないですね。僕は黙ってます。本当は話した方がいいんですけどね。ネタを拾うために。向こうから話しかけてきたら話しますけど。社交的じゃないと思いますよ、あんまり」

そんな一之輔が演じる『藪入り』だから、染みるのだ。落語という場を借りて、普段は吐露できない自分の思いを解放している。父親の亀吉への思い。それは一之輔の祥太郎君らへの思いでもある。おそらく。

『藪入り』の中で、一之輔が「危険ゾーン」に入るのは亀吉が家に帰ってきて、久々の対面を果たすシーンだという。

一之輔「父親が玄関で『涙が出そうで、顔上げらんない』っていうところ。泣かないんですけど、危なくなりますね」

一朝は一之輔に嫉妬しないのか

ずっと気になっていたことがある。一朝は、ここまでのスターになった一之輔に対して嫉妬することはないのか、ということだ。

一朝と一之輔の場合に限らず、落語の世界では人気や稼ぎの面で弟子が師匠を明らかに超えてしまうことがままある。

落語関係の書籍を多く持つコラムニストの堀井憲一郎は『落語論』（講談社現代新書、二〇〇九年）の中で桂米朝と桂枝雀の関係、あるいは立川談志と弟子たちの関係を引き合いに出し、〈一流の師匠は、一流の弟子を自慢にもおもうかたわら、嫉妬する。それが芸の世界だ〉と喝破している。

また現役落語家の中で、人気と実力の両面で言って、間違いなく十指に入るだろう柳家さん喬は『なぜ柳家さん喬は柳家喬太郎の師匠なのか？』（徳間書店、二〇一八年）という著書の中で、先輩落語家が〈あの喬太郎って、二十年に一人の逸材だよ〉と評した最初の弟子に対する複雑な思いをこう吐露している。

〈師匠の葛藤もあるんですよ。俺がもし彼をつぶしてしまったら、落語の歴史に残る逸材を、俺が殺したことになるのかと思う。一方で、同じ噺家として情けない思いも抱えていた。極端なこと言ったら嫉妬です〉

私は一朝に「一之輔に嫉妬することはないのですか？」と聞きたかった。だが、聞けなかった。そこだけは触れてはいけないような気がしてしまったのだ。

だが、編集者の渡辺君がそこを突破した。インタビューの席で、最後に「聞き漏らしたことはない？」と渡辺君に振ると（ときどき、それは「あのこと、聞いてくれない？」というサインだったりもするのだが）、果敢にもこう切り出したのだ。

「ちょっと不躾《ぶしつけ》な質問になってしまって恐縮なんですけれども、落語界を超えて、あれだけ一之輔さんが有名人になると、正直、やりにくいなと思うようなことってあるものなのでしょうか。師匠として、弟子がすごく有名になるって、必ずしもいいことばかりじゃないような気がするんですけど」

すると、一朝は、まるで「今日はいい天気ですね」とでも振られたかのような調子で返してきた。

「ああ、まあ、他の人がどうか知らないけど、私はもう嬉しくてしょうがないですね。そりゃもう、一緒にやってて楽しいですよ。こんなに幸せなことはない」

もっとも、私は一朝が何の躊躇《ちゆうちよ》もなくひょいと返してくれたような印象を抱いていたが、質問した渡辺君は「ああ、まあ」のところで、それまでとは違う一朝のためらいを感じたそうで「怒鳴られるかも」とヒヤリとしたそうだ。

だが、それは質問した張本人だけに、神経が過敏に働いただけではないかと思う。

少なくとも目の前の一朝は相変わらず上機嫌で、もう何を聞いても大丈夫そうだった。

――あの柳家さん喬も、弟子の喬太郎には嫉妬したと語っていましたが。

「何つうんだろうな、一之輔がバーッと出てきたとき『あ、こいつ、俺よりすげえな』と思いましたから。噺がどうこうよりも、その出てきたときの勢いにびっくりしてね。これはかなわねえな、と」

――二一人抜きで抜擢真打になったときの心境はいかがでしたか？

「そりゃあ、もう、嬉しいです。夢みたいな話ですよ。噺家冥利《みようり》に尽きるじゃないですか。披露目興行の最中は五〇席全部、トリを務められるわけですからね。のちのちまでも『一之輔は一人で真打になったんだよな』って言われるわけで」

真打に昇進する際は、香盤順に複数人同時に昇進するものだ。二人のときもあれば、一挙に一〇人というときもあり、人数にはかなり幅がある。そして、その際、開催される計五十日間の披露目興行のトリは人数に応じて交代で務める。だが、抜擢真打の場合は通常、トリ出番を独占できる。

一朝の一之輔に対する屈託のない態度に触れ、ようやく謎が氷解した。

一之輔は一朝を師匠に選んだ理由を「寄席が好きだったから」と話していた。「芸風に憧れた」とも。だが、それだけでは不十分な気がしていた。おそらくもう一つ、一朝のこんな精神の伸縮性に惹《ひ》かれたのだ。

二人は似ていないようで、似ている。両者とも、今の自分が足りていることを知っている。一之輔にいたっては「この人、むしろ、売れたくないのかな」と思う瞬間がたびたびあったほどだ。一之輔ほどの知名度と実力があれば、稼ごうと思えばもっと稼げるだろうに、それを拒んでいるようにすら映るのだ。しかし、そんな性分だからこそ一之輔の心にも弾性があるのだ。

その世界で「師匠」と呼ばれている芸人を取材する場合、こちらも「〇〇師匠」と呼んだ方がいいのかどうか迷うことがある。こちらは芸人側の世界の人間ではないので、本来、「師匠」と呼ぶのは違和感があるし、どこか馴《な》れ馴《な》れしい気がしないでもない。だから、本当は名前の下に「師匠」は付けたくない。

ただ、講談師や浪曲師の世界では師匠格になると「先生」を付けて呼ぶ習わしがあり、人によっては「先生」といった敬称を付けずに呼ぶと無知な取材者だと気分を害してしまうこともあるそうなのだ。

なので、より一層、迷う。師匠と呼んで嫌な気持ちになる人はそうはいないと思うので、普段は、少しでも迷ったら「師匠」と付けることにしていた。一之輔のことも、最初は「一之輔師匠」と呼んでみた。ただ、どうにもしっくりせず、ストレートに尋ねた。どう呼ぶのがいいですか、と。すると、予想した通りの答えが返ってきた。

一之輔「僕は『さん』がいいですね。『さん』にしてください。だって、『師匠』って言われたら、対等じゃなくなっちゃうじゃないですか。どう考えたって、堅苦しくなるだけですから。一般の人に『師匠と呼べ！』というのは、ちょっとおかしいでしょう？　別に自分の器を大きく見せようとして『さん』でいいとか言ってるんじゃないですよ。呼び捨てじゃなきゃ何でもいい。『ちゃん』でもいいですよ」

一之輔は、人から持ち上げられ、そこに無自覚に乗っかっていられるほど鈍感な人間ではなかった。だが、自分がどう呼ばれるかに拘泥するほど張り詰めてもいなかった。

一之輔ちゃん――。

おそらく、一之輔は、そう呼ばれても怒ることはないだろう。きっと、大きな声で笑ってくれるはずだ。腹の中で、どう思っているかはわからないけれども。

おわりに　〜頼むぞ、一之輔〜

一之輔には今、五人の弟子がいる。一番弟子・㐂いち、二番弟子・与いち、三番弟子・いっ休《きゅう》、四番弟子・貫《かん》いち、そして最近、入門したばかりの五番弟子・らいちだ。

私はある一点において、彼らに敬服せずにはいられない。彼らは乗り越えたのだ。一之輔の、あの雰囲気を。

㐂いちが一之輔に弟子入りしたのは二〇一四年のこと。一之輔が真打になったのが二〇一二年三月なので、その約二年後、一之輔がまだ三六歳のときだ。弟子を取るタイミング、年齢としては、かなり早い。

もともと役者だった㐂いちは、落語家に転身する前、ある雑誌で一之輔と対談をしたことがあった。雑誌の編集者に対談したい人はいるかと問われ、ファンだった一之輔を希望したのだという。だから、一之輔に入門を志願したとき、初対面というわけではなかった。㐂いちが振り返る。

「対談の半年ぐらいあとだったかな、所属事務所を辞めて、その翌日に弟子入り志願に行ったんです。上野（鈴本演芸場）の入り口で待っていて、そうしたら『ああ、裕吉さん（本名、小林裕吉）。どうしたんですか？』って。それで、弟子にしてくださいって手紙を渡したら『いや、ちょっと……。えっ？』となって。これから出番だからって行っちゃったんです。なので、そこで出番が終わるのを待って、出てきたときに『じゃあ、ちょっとお茶しましょう』と言ってもらって。そこで、いろいろ話を聞いてもらったんです。けど、『真打になったばっかりで、弟子なんか取ってる余裕もないし、正直、取る気もない』とあっさり断られて。わかりましたと言って、次の日、また行きました」

　壵いちの記憶によれば、そこから一カ月の間で一五回ほど一之輔に会いに行ったのだという。断られても、断られても。

「一之輔も嫌だったと思いますよ。弟子を取るメリットって何もないので。全身から『取りたくないです』という空気を発していました。一度、寄席の目の前でタクシーをつかまえたことがあったんです。『ごめん、ちょっと急いでるから』って。今考えると、ただ僕から逃げたかったんでしょうね。普通、そんなところでタクシーなんて乗らないんですよ。ただ、断られ続けていると、こっちも麻痺《まひ》してくるんです。あ、今日もダメだったか、じゃあ、また明日行こう、って。ぜんぜんへこたれなくなってくる」

そんなある日、㐂いちは、出番を終えた一之輔に食事に誘われた。一之輔が連れていってくれたのは、御徒町駅から徒歩一分の場所にある『珍満』だった。落語家御用達《ごようたし》の中華料理屋である。

そこで一之輔はチャーハンをかき込みつつ、言った。

「やってみる？」

㐂いちは即答した。

「ありがとうございます！」

一之輔が当時の心境を思い起こす。

「これも縁なのかな、と。何度も何度も来るような子だったたし。あのとき、三六歳でしたけど、三〇代で弟子を取る人ってなかなかいないですからね。弟子を取ったら刺激を受けて、自分の中で何か変化があったりするのかなとも思ったんです。けど、刺激なんてないですね。イライラするだけで。師匠の気持ちがよくわかりました」

㐂いちの話に耳を傾けながら、私は、本書のために何度となく一之輔のもとを訪ねたときのことを思い出さずにはいられなかった。拒絶はされていないようだが、受け入れられてもいない。毎回、暖簾《のれん》に腕押し状態で、試されているのかなとわずかな希望を抱きつつも、嫌われているのなら通えば通うほどその嫌悪感は増すだけではないかと気が滅入《めい》った。

取材願いと弟子入り願いを比べるのはナンセンスかもしれないが、一之輔の対応は、弟子入り志願者に対しての方がはるかに素っ気なかったはずだ。それだけに一之輔の弟子たちの粘りに心から感服してしまうのだ。

一之輔にこれまで弟子入り志願を断った回数を尋ねたことがある。

「人数で言うとですか？　うーん、いや、そんなにいないですよ。一〇人ぐらいじゃないですか」

そんなはずはない。あの一之輔である。一之輔クラスの落語家が、どれくらいの頻度で入門希望者の来襲を受けるものなのかまったく想像はつかないが、少なくともそんなに少ないはずはない。

最初に一之輔という頑強な壁を打ち破った芸いちの証言だ。

「僕を取ったときは、すごい来ましたよ。『一之輔も弟子を取るんだ』ってなって。週に二人ぐらい来たときもありましたから。でも、ことごとくなぎ倒されていきましたね」

そうだろう。そうでなければ、おかしい。普通は、なぎ倒される。死屍累々《ししるいるい》のはずだ。

一之輔が二人目の弟子、与いちの入門を認めたのは㐂いちの入門から三年ののち、二〇一七年のことだ。

与いちの父、角田秀晴は宮城県内で洋食レストラン『ＨＡＣＨＩ』などを経営する会社の社長だ。落語好きな角田は店舗のうちの一つで、ときどき小さな落語会を開いていた。そのため角田には少なからず落語界とのパイプがあった。

与いちが高校卒業後に一之輔の弟子になりたいと表明したとき、秀晴の知り合いが二人の間を取り持ってくれたそうだ。与いちが思い出す。

「最初はつないでもらったんで、わけわかんないやつが来た、みたいな感じではなかった。けど、そこから一〇回くらい会いに行きました。寄席でトリをとっているときとかに都内まで行って、手紙を渡したりして。あ、また来たんだ、みたいな感じで。あとは公演後、サイン会を開くときがあるじゃないですか。本を買えば、直接、サインをもらえる。そういう落語会をねらって行って、ちょっとおしゃべりをさせてもらったり。それで一〇回目ぐらいのとき、それもサイン会のときだったんですけど、このあと少し時間をくださいとお願いして。そこで『じゃあ、今度、履歴書を持って親と一緒に来なさい』と言ってもらえました。そのときにほぼ決まったような感じでしたね」

つてを頼っても一〇回も通わなければならないのだ。「あ、また来たんだ」という顔をされながら。なんとなく想像がつく。そのフラット過ぎる感じが。㐂いちと与いちの話を聞いているだけでも心臓がキュッとなった。

だが、二人とも入門までの道のりを決して苦労とはとらえていなかった。与いちは何でもないことのように語る。

「一発で取ってもらえちゃう方が怖いじゃないですか。だって、一回断られて、それっきり来なくなっちゃう人もいるわけですから。一回目で取っちゃったら、そこまで本気じゃない人を弟子にしてしまう可能性もあるわけで。僕は何回も通いながら、自分が本気かどうか試されているんだろうなと思ってたんで」

ちなみに三番弟子で、京大卒のいっ休は、弟子として認めてもらえるまで一年ぐらいかかったそうだ。

一之輔の言葉だ。

「まあ、最初に来たときにいきなり取るということはないですね。うちの師匠は一度見れば、こいつは大丈夫かな、ダメかなっていうのは、なんとなくわかると言っていましたけど。僕は一回だけじゃよくわからないんで。かといって、何べん来ても断る人は断ります。すでに所帯を持っているとか。そこまで責任取れないですから。『本当に取るつもりはないので、来ないでください』とはっきり伝えますよ」

想像するに、一之輔ほどの人気落語家ともなると、それくらい非情にならなければ切りがないのだと思う。

㐂いちも、与いちも、弟子となってから接した一之輔は「イメージ通りだった」と口をそろえる。与いちが言う。

「裏表がないんですよね。高座の印象と、普段の印象と。普段も愛想ないですけど、高座でもそんな感じじゃないですか」

一之輔に弟子の感想をぶつけると、ゆっくりと口角を引き上げた。

「あんまり器用じゃないんで。弟子と接するときも、何をしゃべっていいのかよくわかんないんですよ。だから、弟子からしたら、取っ付きにくいところはあると思います。まあ、三月《みつき》も一緒にいりゃあね、こういう人なんだなってわかると思いますけど。別に機嫌が悪くなくてもムッツリしてますから」

大まかに世の中の人間は四通りに分かれる。怖そうで本当に怖い人。怖さを隠すために笑顔という仮面をかぶっている人。優しそうで本当に優しい人。優しさを隠すために「ムッツリ」という仮面をかぶっている人。

一之輔をごく短い言葉で表現するなら、こうなる。怖そうで怖くはない人。怖そうに見えるぶん、実際以上に優しく感じてしまうのかもしれないが。つまり、四番目のタイプだ。

そんな一之輔が五人の弟子たちによくかける言葉の一つは「優雅に働け」だという。

「どの世界にも、いかにも一生懸命やってますというのがビンビン伝わってくる人っているじゃないですか。うちで言えば、いっ休がそうなんですよ。弟子の中では、いちばん気働きができるやつ。『あのさ』って言うと、『はいっ！　何でしょう？』って返事するの。それがダメなんですよ。『はい』ぐらいでいい。パッパ、パッパ動かれてもイライラするじゃないですか。目障りというか。だから、難しいんですけど、働いていない風で、ふわっと要所だけは押さえてるぐらいがちょうどいいと思うんですよ。『ゴミ箱ない？』って言われて持っているビニール袋をさっと出すよりは、『おあずかりします』ぐらいがいいというのかな」

弟子の話になったとき、一之輔にしては珍しく感情的になったことがある。

「小言を言うと疲れるんですよね……」

——言ってきたのですか？　弟子に？

「うん。うちの一門は落語家の修行でありがちな師匠の家の掃除とか、そういうことは一切させないんですよ。その代わり、どんどん噺を覚えなさいと。朝、弟子に上げの稽古をつけてきたんです。今の噺はいいけど、先月稽古つけた噺はどうした？　覚えたのか？　って聞いたら『はい』つうから、じゃあ、やってみろ、と。そうしたら、ぜんぜんできなくて。それでカチンときた。ひと月で噺を覚えられないようなら落語家なんて向いてないからやめた方がいいって言ったんです。どんなに覚えの悪いやつだって、死ぬ気になりゃ三日で覚えられるんだから。教わった日の翌日に聞いてくださいって言ってくるぐらいじゃなきゃ、うちの一門にいる価値はない。他の一門ならいいんですよ。『ぼんやりしてるんで、落語一つしかできません』ってても。へらへらしてるけど、あいつ、なんかおもしれえよな、って。ひいき客のご祝儀と車代だけで生きていくとかね。そんな落語家、最高じゃないですか。それも才能ですから。いろんな落語家がいていい。ただ、俺のところに来たんだったら、もうちょっとな、と思うんです。真打になったあとで、俺の弟子だけどなんとなく食ってんな、というのならまだいい。でも、何年も経ってないのに慣れんなよ、って。まずは『落語を覚えたい、どんな場所でもいいから落語をやりたい』という情熱が伝わってこないと。だって、好きでなったわけですからね。言われなきゃやらないようじゃしょうがないじゃないですか」

一之輔はこんな男でもある。落語に熱いのだ。誰よりも。

柳家つばめの『落語の世界』（講談社、一九六七年）という本の中に〈落語の世界の人間は、落語に淫している。落語に蝕《むしば》まれている。落語という泥沼に落ち込んで、這い上れない人々なのだ〉というくだりがあった。一之輔にとっての落語もそれに似ているのではないかと尋ねると、こう否定した。

「蝕まれるっていうことは、病気ってことでしょう？　がんみたいに。でも、そもそも『病』っていうのは嫌じゃないですか。治った方がいいものでしょう？　病気って。僕、治ってもらいたくないですから」

一之輔は極度な照れ屋で、感情の配線はスキーのモーグル競技のシュプールのように激しくかつ複雑に屈曲している。

ところが、落語への愛を表明するときだけは別だった。一之輔は、いつだって拍子抜けするほどに直滑降で滑り降りてくる。そう、何の照れもなく、どストレートに落語愛を語るのだった。

先日、本当に久々に落語ビギナーと一緒に一之輔の落語を観た。『真一文字の会』に三人で行くはずだったのだが、一人が体調を崩し、当日になって急きょ代わりを探し出したのだ。

代役は若い男性の編集者で、落語鑑賞の経験は学生時代に落研に入っていた友人の落語を観たことがあるだけだという。

私が誘ったのではなかった。それにしても、よりによって……と思った。というのも、その若者は、これまでの人生で、およそバカ笑いなどしたことがないのではないかと思えるほど大人しい青年だったのだ。もっと言えば、暗かった。

私は反射的に自分に言い聞かせていた。落語に感応しない人は、どうやったって感応しないのだ。身をもってそのことを知っていた私の防衛本能が顔をのぞかせる。失望しないための秘《ひ》訣《けつ》はただ一つ。落語経験の浅い同伴者には期待しない。いつからか、それが私の基本姿勢になっていた。

とはいえ、過度な期待はしないものの、せっかくなら幸福な出会いとなって欲しいなとは思った。しかも、今日の高座は圧倒的な戦績を誇る一之輔なのだ。

ドキドキした。久々の緊張感だった。

頼むぞ、一之輔――。

そう、祈らずにはいられなかった。

私は左目の端っこの方で彼の反応をとらえつつ、一之輔の落語を鑑賞した。彼は予想通り声を上げて笑ったりはしなかったが、何度となく、小さく吹き出していた。好ましい笑い方だった。

結論から言うと、その日、一之輔が披露した三席はいずれも最高だった。珍しい噺もあったが、どれも聴きやすく、上質で、バカな笑いに満ちていた。

一之輔は、四六歳にして、いよいよ全盛期を迎えつつあるのではないか。そう思えたほどだ。たとえるなら、力を抜いているのに、より速いボールを投げられるようになった投手のようだった。

三席あると、一つくらいかみ合わない噺もあるものだが、この日の一之輔は完全に会場を掌握していた。笑わせ過ぎて疲弊させないよう抑えるところは抑えて、最適なペースで二時間半を駆け抜けた。

この日の出来に不満を抱く常連はいまい。そして、隣の初心者クンも翌日、こんな感想を送ってくれた。

〈学生当時、友人の落語を見たときはステージと客席が遠い印象がありましたが、今日は近くに感じられました。一之輔さんの落語はフリースタイルのようなしなやかさがあり、客席との緊張関係を楽しんでいるようにすら見えました。（中略）個人的に末廣亭あたりから行ってみようかと興味が出てきました〉

少なくとも、一之輔の落語が彼の心に新たな作用を及ぼしていることが伝わってくる内容だった。多くは望むまい。あわよくば末廣亭の木戸をくぐる日が来て欲しいものだが、もはやどちらでもいい。落語と出会う人はどうやったって出会うし、出会わない人はどうやったって出会わないのだ。そこに他人が入り込む余地はない。

あの日、私も一之輔の落語を堪能《たんのう》したし、彼も楽しんでくれたようだ。本当にいい日だった。心から、そう思えた。それだけで十分だった。

さすが、一之輔――。

十年ほど前、東京―金沢間の北陸新幹線が開通するとき、こんなCMがあった。

女優の杏《あん》が「とっておきの日本が近くなる」と振り、続けてこう言うのだ。「ずっととっておきにしておきたかったから、ちょっとだけ残念です」と。

なんとうまいコピーだろうと思った。北陸新幹線が開通する前、私も何度となく金沢や富山を訪れたことがあり、その密《ひそ》やかなよさを知っていたからわかるのだ。その喜びと、少し残念な感じが。みんなにバレてしまうな、という。

この本を書き終えた今、同じような気持ちがある。読者と一之輔の新たなルートを開通させることができた。一人でも多くの人に一之輔のことを知って欲しかった私にとって、これ以上の幸せはない。

念のために書いておくが『笑点』の一之輔は本当の一之輔ではない。断固として、ない。あれは世を忍ぶ仮の姿である。高座の一之輔。それこそが真の姿だ。

ただ、言うなれば、それは私の中の「とっておき」だったわけだ。それだけに、あまり多くの人に知られてしまうのは、それはそれで少し惜しい気もしてしまうのだ。

中村 計（なかむら けい）

一九七三年、千葉県船橋市生まれ。ノンフィクションライター。『甲子園が割れた日 松井秀喜5連続敬遠の真実』（新潮社）で第一八回ミズノスポーツライター賞最優秀賞、『勝ち過ぎた監督 駒大苫小牧 幻の三連覇』（集英社）で第三九回講談社ノンフィクション賞を受賞。他に『クワバカ クワガタを愛し過ぎちゃった男たち』（光文社新書）、『笑い神 M−1、その純情と狂気』（文藝春秋）など。『言い訳〜関東芸人はなぜM−1で勝てないのか〜』（集英社新書、塙宣之著）では取材・構成を務めた。好きな生き物の鳴き声ベスト3はヒグラシ、カジカガエル、アカショウビン。

集英社新書一二二八N

落語《らくご》の人《ひと》、春風亭《しゅんぷうてい》一之輔《いちのすけ》

二〇二四年八月一四日 第一刷発行

著者……中村《なかむら》 計《けい》
発行者……樋口尚也
発行所……株式会社集英社
東京都千代田区一ッ橋二−五−一〇 郵便番号一〇一−八〇五〇
電話 〇三−三二三〇−六三九一（編集部）
〇三−三二三〇−六〇八〇（読者係）
〇三−三二三〇−六三九三（販売部）書店専用

装幀……新井千佳子（MOTHER）
印刷所……TOPPAN株式会社
製本所……加藤製本株式会社

定価はカバーに表示してあります。

ISBN 978-4-08-721328-7 C0276

集英社新書　好評既刊

ホビー・スポーツ――H

イチローUSA語録　デイヴィッド・シールズ編
チーズの悦楽十二カ月　本間るみ子
両さんと歩く下町　秋本治
手塚先生、締め切り過ぎてます!　福元一義
食卓は学校である　玉村豊男
オリンピックと商業主義　小川勝
ラグビーをひもとく 反則でも笛を吹かない理由　李淳馹
東京オリンピック「問題」の核心は何か　小川勝
「野球」の真髄 なぜこのゲームに魅せられるのか　小林信也
勝てる脳、負ける脳 一流アスリートの脳内で起きていること　内田暁　小林耕太
羽生結弦は助走をしない　高山真
羽生結弦は捧げていく　高山真
「地元チーム」がある幸福 スポーツと地方分権　橘木俊詔
ジョコビッチはなぜサーブに時間をかけるのか　鈴木貴男
五輪スタジアム 「祭りの後」に何が残るのか　岡田功
バーテンダーの流儀　城アラキ
忘れじの外国人レスラー伝　斎藤文彦
MotoGP 最速ライダーの肖像　西村章
落合博満論　ねじめ正一
猪木と馬場　斎藤文彦
「名コーチ」は教えない プロ野球新時代の指導論　髙橋安幸
アイスダンスを踊る　宇都宮直子
戦略で読む高校野球　ゴジキ
アントニオ猪木とは何だったのか　入不二基義　香山リカ ほか
スポーツウォッシング なぜ〈勇気と感動〉は利用されるのか　西村章
「笑っていいとも!」とその時代　太田省一
読むダンス　ARATA

a pilot of wisdom

ノンフィクション——N